AF501492

COLONEL **MORITZ VON EGIDY**
de la Cavalerie allemande

CAPITAINE **GASTON MOCH**
de l'Artillerie Française

L'Ère sans violence

Revision du Traité de Francfort

PARIS
ÉDITIONS DE LA REVUE BLANCHE
23, BOULEVARD DES ITALIENS, 23
1899

L'Ère sans violence

Revision du Traité de Francfort

Imp. C. RENAUDIE, 56, rue de Seine, Paris

Ce volume est vendu au profit du *Bureau Français de la Paix.*

Il a été tiré à part

cinq exemplaires sur hollande, numérotés à la presse.

JUSTIFICATION DU TIRAGE :

Œuvres de Moritz von Egidy

(Philosophie, éducation, morale sociale et politique).

Ernste Gedanken (*1890*). — *Weiteres und Ausbau der Ernsten Gedanken* (*1891*). — *Bericht über die Pfingstversammlung* (*1891*). — *Ernstes Wollen* (*1891*). — *Die Leitworte* (*1894*). — *Ueber Erziehung.* — *Gedanken über Erziehung.* — *Einiges Christentum* (*1892-93*). *Versöhnung* (*1892-98*).

Tous ces écrits se trouvent à l'Association Egidy (Egidy-Vereinigung, Marburgerstrasse 12, Berlin W).

Œuvres de Gaston Moch.

Artillerie : *Des canons à Fils d'acier* (Berger-Levrault, 1887). — *Expériences américaines sur le Frettage des Bouches à feu* (Id., 1889). — *Notes sur le Canon de campagne de l'avenir* (Id., 1891). — *L'Artillerie de l'avenir et les nouvelles Poudres* (Id., 1893). — *Vue générale sur l'Artillerie actuelle* (Id., 1895).

Art militaire : *La Poudre sans Fumée et la Tactique* (Id., 1890).

Histoire militaire : *Sedan : les derniers Coups de feu* (Dentu, 1885).

Linguistique : *La question de la Langue internationale et sa solution par l'Esperanto* (Giard et Brière, 1897).

Organisation militaire : *La Défense nationale et la Défense des côtes* (Berger-Levrault, 1894). — *La Défense des côtes et la Marine* (Id., 1895). — *Artillerie et budget* (Id., 1897). — *L'armée d'une Démocratie* (édit. de la Revue blanche, 1899).

Politique internationale : *L'Alsace-Lorraine devant l'Europe* (Ollendorf, 1894). — *Autour de la Conférence interparlementaire* (Collin, 1895). — *Alsace-Lorraine, réponse à un pamphlet allemand* (Id., 1895).

Sous presse : *Classification décimale des Sciences militaires* (Institut international de Bibliographie).

M. von Egidy.

(1847-1898)

COLONEL **MORITZ VON EGIDY**
de la Cavalerie allemande

CAPITAINE **GASTON MOCH**
de l'Artillerie française

L'Ère sans violence

Revision du Traité de Francfort

PARIS

ÉDITIONS DE LA REVUE BLANCHE

23, BOULEVARD DES ITALIENS, 23

1899

PREMIÈRE PARTIE

UN HOMME : MORITZ VON EGIDY

[Au moment où vint nous frapper la nouvelle foudroyante de la mort de Moritz von Egidy, survenue le 29 décembre 1898, la plus grande partie de cette étude était prête pour l'impression ; des considérations d'opportunité en avaient seules fait retarder la publication. Je donne aujourd'hui cette première rédaction, en me bornant à y ajouter un complément. Je croirais mal faire en changeant un mot à un écrit dont les circonstances ont fait un hommage funèbre, alors qu'il ne devait être que le témoignage de l'admiration la plus respectueuse, et le début d'une collaboration dont je m'honorais profondément].

G. Mh.

Sans doute trouvera-t-on que le rapprochement des noms d'un lieutenant-colonel allemand et d'un capitaine français, unis dans une œuvre d'amour et de solidarité humaine, constitue à lui seul un enseigne-

1

ment. Mais telle n'est pas la considération qui a dicté le choix et la forme de cette publication. Les travaux du colonel von Egidy sont bien réellement parmi les premiers que l'on doit songer à répandre, quand on cherche à éclairer les nations de l'Europe sur leurs devoirs les plus urgents, et mon seul regret est d'avoir dû faire un choix parmi eux. Quant à la personnalité de l'auteur, elle mérite d'être mise tout à fait hors de pair : on n'en saurait guère trouver qui soit à la fois plus réellement imposante et plus sympathique que celle de ce gentilhomme prussien, de cet officier de cavalerie, aristocrate de tempérament — dans le sens noble et élevé du mot aristocrate, profondément religieux tout en sacrifiant sa carrière et son existence mondaine pour rompre en visière aux dogmes et aux religions établies, et devenant enfin un grand réformateur moral et social, apôtre inspiré de la solidarité fraternelle des hommes et des peuples.

∴

Le lieutenant-colonel Moritz von Egidy est d'une famille d'origine saxonne, devenue prussienne par l'annexion de 1815, et essentiellement militaire, comme toute famille noble de son pays. Son grand-père combattit de 1809 à 1812 sous Napoléon, fut fait chevalier de la Légion d'honneur sur le champ de bataille de Wagram, et mourut en Pologne, dans l'un des combats qui suivirent la retraite de Russie. Son père mourut prématurément, comme capitaine de la garde royale prussienne. Son frère cadet est aujourd'hui colonel, commandant un régiment prussien d'infanterie.

Lui-même naquit à Mayence en 1847, d'une mère appartenant à une famille huguenote d'origine française. A la suite d'études des plus brillantes, il fut nommé officier dans des conditions exceptionnelles de jeunesse : dès l'âge de 17 ans, il entrait comme sous-lieutenant au régiment de fusiliers brandebourgeois n° 35. Il fit avec ce régiment la campagne de 1866, et reçut le baptême du feu à Sadowa. Il m'écrivait, à propos de cette bataille :

« J'ai pris part au grand engagement de cavalerie qui eut lieu à la fin de la journée ; et je conserve, en souvenir de cet épisode, le sabre de l'adjudant-général prince Hohenlohe, qui commanda la charge exécutée par la brigade autrichienne de cavalerie lourde. Détail intéressant : mon régiment, le régiment prussien des fusiliers de Wrangel, soutint là le choc des cuirassiers autrichiens également dénommés de Wrangel. Il y avait d'ailleurs 5 ou 7 Hohenlohe dans les deux camps opposés : ce fut une bataille entre cousins. »

En 1868, Egidy passa, pour des raisons de famille, au service de la Saxe, dans le régiment de la garde à cheval. L'année suivante, il épousait la fille d'un gentilhomme saxon et d'une princesse de Schwarzbourg-Sondershausen.

Il prit part à la campagne de 1870-71 avec assez de distinction pour recevoir la croix de fer et un ordre saxon et se voir destiné à un avancement rapide. Dès 1875, il était capitaine ; et l'année suivante, le prince Georges, commandant le corps d'armée saxon, le prenait pour aide de camp ; à 37 ans, il était major au 1er régiment de hussards, à 42 ans lieutenant-colonel.

Il semble donc que, par tout son passé personnel aussi bien que par ses traditions de famille, Egidy fût destiné à rester étranger aux idées généreuses dont il s'est fait le champion. Jusqu'à l'âge mûr où la carrière d'un homme est, en général, fixée d'une manière définitive, nous ne voyons en lui qu'un *junker* entré dans l'armée parce qu'il y était prédestiné, mais à qui ses rares qualités ont valu une place à part.

Ceux qui l'ont connu à cette époque savent à quel point il était apprécié par ses chefs, estimé de ses camarades, aimé de ses subordonnés. Un de ses amis me traçait de lui ce portrait :

« On peut le définir par ces mots : le sentiment du devoir, la connaissance du devoir, la fidélité au devoir, et, avant tout, le courage. — Le courage, il en a fait preuve en tout temps, sur le champ de bataille comme dans la vie courante, au physique comme au moral. Avant tout, il regarde *en haut*. Il n'y avait rien qu'il n'osât dire à ses chefs, quand il avait la conviction que cela devait être dit. Mais dans la forme, il restait toujours correct, aimable, ouvert, droit ; jamais il ne se mettait en colère, jamais il n'était agressif, au sens haïssable du mot. Personnellement, il va de soi qu'il ne se serait pas laissé marcher sur les pieds ; mais dans les questions de fait, dans l'intérêt du service, ni sa propre commodité ni celle de ses supérieurs ne pouvaient influer sur lui. C'était un fameux chef, mais quelle terrible subordonné ! Et pourtant, il n'y a pas un de ses chefs qui ne l'ait véritablement aimé. Et quel brave camarade ! Quel souvenir nous gardons de ces beaux jours passés ! Toujours de bonne humeur. Insensible à toute fatigue. Et jamais une goutte d'alcool, même durant les deux campagnes qu'il a faites ; jamais une goutte, ni pour lui, ni dans son escadron. »

Egidy était donc bien, dans toute la force du terme, l'officier modèle. Mais il ne faudrait pas conclure de là que ce brillant passé militaire soit en contradiction avec son présent, qu'il ait vécu successivement deux existences distinctes, opposées, séparées par une déchirure brusque. De même que, dans sa vie civile et dans sa propagande pacifique, il conserve à son passé militaire un souvenir ému, de même son existence actuelle était en germe dans cette première période, si différente. C'est par un développement progressif et logique que ses idées sont devenues ce qu'elle sont aujourd'hui, sous l'influence de ce sentiment élevé du devoir qui est sa dominante morale. Et en 1890, quand parurent ses *Pensées sérieuses*, des amis qui l'avaient depuis longtemps perdu de vue, retrouvèrent dans ce livre le « petit Egidy », l'officier imberbe de dix-huit ans qu'ils avaient connu en 1865.

*
* *

C'est au moment où il allait recevoir le commandement d'un régiment de hussards, gage de sa prochaine promotion au grade de colonel, qu'Egidy publia ses *Pensées sérieuses*.[1] La contradiction qui se mani-

1. *Ernste Gedanken ;* Leipzig, Otto Wigand, 1890 ; *soixantième mille*, 1891. — Il existe de ce livre une traduction française, publiée sous le titre de *Pensées sérieuses* par le Bureau Bibliographique à Berlin (Paris, Westhauser, 1891). Mais cette traduction est écrite en un langage si pitoyablement incorrect et parfois incompréhensible, et contient même de tels

feste partout entre la morale et la pratique de la vie avait déterminé en lui un conflit intime qui devait faire explosion, d'une manière ou d'une autre.

A coup sûr, un tel livre était fait pour surprendre ceux qui ne connaissaient pas la haute personnalité morale de l'auteur, et ne pouvaient que le supposer voué à l'étude exclusive du service de la cavalerie en campagne !

L'objet de cette curieuse brochure est en effet de ramener le christianisme à ses origines, en le dégageant des dogmes et des miracles qui, dans la suite des temps, sont venus se greffer sur la doctrine primitive. Avant tout, l'auteur rejette l'idée de la divinité du Christ ; et c'est par cette hérésie qu'il entre courageusement en matière, fidèle à son principe de n'admettre aucun ménagement, et de marcher droit au but que sa conscience lui désigne :

contresens, qu'on ne saurait trop recommander de la considérer comme non avenue.

« Peut-on dire », écrit-il donc au début de sa brochure, « que l'Église, sous sa forme actuelle, accomplisse sa mission, qui est de réaliser et de répandre l'idée chrétienne? Atteint-elle son but : d'unir et d'éclairer?

« Je réponds : non. En quoi, je ne fais que répéter ce que pensent des millions d'hommes, les uns — le petit nombre — par une conception précise de la réalité, les autres par une vision instinctive.

» Et pourquoi cette négation? Parce que je suis profondément convaincu que l'Église ne nous enseigne pas la vérité quand elle prétend que le Christ est un Dieu; qu'elle nous demande l'impossible en nous imposant de croire en « Jésus-Christ, *vrai Dieu*, engendré de toute éternité par Dieu le Père... »

« Le christianisme, dit-il plus loin, est la religion dont nous considérons le Christ comme le fondateur, en ce sens qu'il nous a enseigné *comment* nous devons entendre et appliquer les dix commandements du maître législateur Moïse. Ce dernier a établi dans sa loi *quelle est* la volonté de Dieu ; le Christ a pénétré cette loi de son esprit et de la lumineuse notion de Dieu qui était née en lui : « Dieu est amour » — et il a prêché *de quelle manière* la volonté divine doit être accomplie. « Vous avez entendu qu'il a été dit aux Anciens — mais moi, je vous dis... » Il n'y a point là de contradiction, mais bien un perfectionnement ; et à la condition de réaliser ce perfectionnement dans les âmes et dans la vie des hommes, le christianisme est la religion la plus parfaite. »

Mais cette condition, l'auteur ne la trouve pas réalisée par l'Église établie ; et, se plaçant ainsi « sur le terrain du *vrai* christianisme ; non sur celui du christianisme *d'invention* », il arrive à cette conclusion : « Il ne s'agit pas de modifier l'idée chrétienne, mais de *ramener le christianisme à ses vrais principes* ; je ne demande pas une innovation, une transformation, une amélioration, mais bien *un rétablissement.* »

Egidy voulait, en somme, — après bien d'autres qui, hélas, y ont échoué — débarrasser la pure doctrine évangélique des scories que les siècles ont amoncelées sur elle ; il voulait faire, en un mot, pour le christianisme actuel ce que le Christ a voulu faire pour le judaïsme. Je ne saurais mieux exprimer ma pensée qu'en forgeant à cet effet un mot nouveau — que je voudrais me sentir digne de m'appliquer à moi-même : Egidy n'est pas « chrétien », il est **christien.**

Et enfin, après avoir exposé comment il se fait qu'un officier donne le scandale d'une publication aussi peu orthodoxe ; après avoir montré que, précisément pour l'officier, elle constituait un devoir impérieux, il signe tranquillement sa brochure de son nom et de sa qualité de lieutenant-colonel du 18e hussards, et il ajoute en post-scriptum ces mots :

« Et puisque tout livre sincère mérite une épigraphe, celui-ci doit avoir la sienne : **Je l'ai osé.** »

*
* *

La conséquence d'une pareille audace était facile à prévoir. Un officier allemand ne pouvait avoir discuté impunément l'Église établie : Egidy fut mis à la retraite, à 43 ans, au moment où sa carrière semblait définitivement orientée dans le sens des plus hautes destinées militaires. Il m'écrivait à ce propos, avec une fière dignité :

« Je fus donc mis à la retraite. Ma brochure attaquait l'Eglise officielle ; et, bien qu'elle fût d'un ton correct et posé, elle constituait une agitation trop sérieuse pour n'être pas réprimée. Quiconque la lisait et me connaissait — et mes chefs me connaissaient — savait en effet que derrière ces paroles, il y avait *tout un homme*. — Egidy.

« J'ai terriblement souffert de cette mesure ; malgré tout, j'aimais le monde dans lequel je vivais. Mais je tins compte de la logique des circonstances existantes ; et, jusqu'à cette heure, pas une parole amère n'est montée à mes lèvres. »

Mais, s'il ne peut songer sans regret à cette brusque conclusion d'une carrière qui s'annonçait si belle, Egidy a mille raison de se consoler.

Dans son intérieur, il est l'homme heureux par excellence, aux côtés d'une femme aimante qui vit pour le même idéal que lui, l'a soutenu dans toutes les épreuves de l'existence, et lui a donné dix enfants vigoureux et intelligents. L'aîné de ses fils — né le jour même où Egidy partait pour la campagne de 1870 ! — est officier de marine, ainsi que le second ; le troisième est agronome. Puis viennent trois filles ; l'une d'elles étudie la sculpture ; une autre a appris à Stockholm la gymnastique médicale, et exerce à Berlin ; la troisième dirige à Hambourg un « jardin d'enfants » populaire. Enfin, viennent quatre enfants plus jeunes, et que leurs parents préparent à mener, comme leurs aînés, une existence digne et utile.

Ces détails intimes complètent la physionomie de l'homme du devoir, de l'homme à la fois bon et énergique qu'est Egidy. Joints à ses occupations écrasantes, ils font comprendre qu'Egidy vive à l'écart du monde et de la cour, bien qu'il se soit gardé de trancher les liens qui l'y rattachaient. Nous n'avons qu'une vie à vivre, et ce n'est assurément pas trop d'une existence entière pour se dévouer à une famille aussi nombreuse, et mener une propagande incessante par la plume et la parole! Aussi, tout en restant et en tenant à rester un homme de son monde, se contente-t-il de demeurer en contact avec ce monde par l'intermédiaire de ses enfants. Si, comme officier, il a été mis à la retraite, on peut dire qu'à ce dernier point de vue, c'est lui qui a pris sa retraite. Et ce n'est pas lui, ni l'humanité en général, qui y a perdu.

*
* *

Cette retraite forcée fut, en effet, une libération. Au lieu d'un officier qui, si brillant qu'il fût, pouvait avoir plus d'un semblable et ne servait, en définitive, que son propre pays, elle nous donnait un moraliste, un réformateur, qui tient réellement une place unique en Europe.

Une fois retiré à Berlin — ou du moins aux portes de la capitale, à Potsdam, Egidy commença par publier deux brochures qui complétaient sa première œuvre, *Suite et développement des Pensées sérieuses*, — *Vouloir sérieux*[1] et collabora pendant quelque temps à la revue *Einiges Christentum* (La Chrétienté-Unie), que dirigeait le professeur Lehmann-Hohenberg.

1. *Weiteres und Ausbau der Ernsten Gedanken*, 1890-91. — *Ernstes Wollen*, 1891. Ces brochures, comme tous les écrits de l'auteur, se trouvent à l'Association Egidy (*Egidy-Vereinigung*, Marburgerstrasse, 12, Berlin W).

Ce qui dominait encore en lui, à cette époque, c'était le mysticisme, un mysticisme général, dégagé de tout esprit confessionnel déterminé. Il définissait ainsi ses aspirations, dans le premier numéro de cette revue : « Au lieu de continuer à nous diviser en « catholiques », « protestants » et « autres » chrétiens, unissons-nous dans *le christianisme ;* au lieu de nous distinguer en « chrétiens », « juifs » et « sectateurs d'autres religions », rencontrons-nous dans *la* religion... L'essence de cette religion, c'est : l'esprit religieux ; sa substance : l'Evangile. Que la religion ne soit pas *à côté* de notre vie ; *que notre vie même soit une religion.* »

Enfin, en 1891, il reprit cette revue pour la transformer entièrement, sous le beau titre de *Versöhnung* (Conciliation), qui marquait mieux toute l'étendue de la mission qu'il se donnait. Toutes les questions, générales ou particulières, qui influent sur le développement moral et social de l'Humanité, sont traitées dans cette petite publication, soit par lui-même, soit par des collaborateurs pénétrés du même idéal, dans cet esprit large et vivifiant de fraternité humaine, dont le nom d'Egidy est le symbole. Car ce nom est à lui seul un programme ; quand, il y a quelques années, des hommes de cœur fondèrent à Berlin une Société pour la propagation de ces hautes idées morales, ils ne purent trouver pour elle un titre meilleur et plus significatif que celui d'*Association Egidy*.

Aussi Egidy a-t-il conquis dès maintenant une influence morale tout à fait considérable. Il n'est pas de ville d'Allemagne où il n'ait été appelé à développer ses théories en public, parfois dans des circonstances particulièrement graves : nulle part, il n'est plus populaire qu'à Hambourg, où tous se souviennent du rôle de conciliateur qu'il vint y jouer lors de la grande grève des ouvriers du port, en 1896.

C'est précisément à Hambourg, dans

une grande réunion publique organisée à l'occasion du Congrès universel de la Paix de 1897, que j'ai pu constater quel prodigieux ascendant il est capable d'exercer, quel empire absolu il prend, dès les premiers mots, sur un auditoire.

D'abord, l'aspect : un homme de taille moyenne, trapu, vigoureux, sanglé dans une redingote noire, le type même — identique en tous pays — du « colonel de cavalerie en civil ». Puis, le visage, qu'il suffit d'avoir vu pour connaître Egidy : la ligne du front, superbe d'intelligence, le regard franc, loyal, pétillant d'esprit, le sourire bienveillant, et ce menton énergique, audacieux, de l'homme prêt à tout braver pour affirmer et propager sa conviction. Enfin, la parole et le geste : une voix claire, parfois stridente, avec les intonations et le débit martelé de l'officier allemand sur le champ de manœuvre, et deux poings qui semblent toujours prêts à pulvériser les objections — mais non les contradicteurs, car Egidy est le modèle de l'orateur qui désire et recherche la discussion.

Cette intonation si particulière, quiconque l'a entendue la conserve toujours à l'oreille. Elle est pour Egidy un moyen d'action indispensable. Une des caractéristiques de son éloquence est en effet le talent incomparable qu'il possède pour forger, à la demande de sa pensée, de ces mots composés, qui sont la ressource la plus précieuse de la langue allemande, et le désespoir des traducteurs français. La sûreté de son goût, et le souci constant qu'il a de se faire comprendre de l'auditoire le plus mêlé, le préservent de tomber dans l'obscurité, comme le ferait en pareil cas un orateur ordinaire ; en outre, le soin avec lequel il scande les mots, faisant éclater les syllabes accentuées pour marquer un temps d'arrêt après chacune d'elles, donne à son discours une chaleur et une clarté incomparables. C'est en entendant Egidy qu'on peut se rendre compte de la puissance d'expression dont la langue allemande est capable. A la lecture, on trouve dans son style un curieux mélange de phrases brèves, concises, à la française, et de longues périodes, aux incidentes enchevêtrées, dans lesquelles il peut arriver au lecteur étranger de trébucher ; si l'on a eu la bonne fortune d'entendre Egidy, qu'on lise ces phrases à haute voix, en imitant son intonation : la pensée s'en dégagera, claire comme de l'eau de roche.

Aussi bien, serait-il impossible de donner une idée du succès qui accueillit à Hambourg la conférence à laquelle j'assistai. La réunion était publique. Il y avait là des ouvriers, des petits boutiquiers, aussi bien que des professeurs et des magistrats ; et certes, les sujets que traite Egidy, dans le langage le plus élevé, sont plutôt sévères. Eh bien, pendant une heure entière, plus de quatre mille personnes de toutes conditions restèrent attachées aux lèvres de l'orateur, dans un silence religieux, buvant littéralement ses paroles. Puis, quand il eut fini : une explosion d'enthousiasme, des acclamations sans fin, un triomphe !

*
* *

Le premier des morceaux qu'on lira plus loin, *La Conciliation*, est une profession de foi, qui se trouve reproduite sur la couverture de chaque numéro de la revue *Versöhnung*. Tout Egidy est dans cette page : intransigeant à l'égard du mal, quelque haut placés qu'en soient les fauteurs, mais indulgent pour les hommes, si peu responsables de ce qu'ils font ; le regard toujours fixé vers l'avenir, mais sans mépris injuste du passé, qui fut ce qu'il pouvait être ; apôtre inspiré de la solidarité des hommes qui constituent la nation, et des nations qui constituent l'humanité ; enfin, lutteur intrépide et résolu, marchant inébranlablement vers son but comme le soldat marche au canon (voir par exemple ce passage : « Il faut admettre clairement, résolument, sans réserve, sans ambage, courageusement, toute conséquence, *toute*, *sans exception*...) »

L'homme qui a tracé cette page est un esprit supérieur. Mais celui qui en a fait la règle immuable de sa vie, qui s'est donné corps et âme à la propagation de cette règle, celui-là est plus qu'un esprit supérieur : c'est *un homme*.

Il importe de noter que si Egidy est d'une intransigeance farouche à l'égard du vice et de tout abus social, nul ne s'élève à une tolérance plus large et plus sereine, pour tout ce qui est du domaine de la conscience. On ne pourrait se faire de lui une image plus fausse qu'en se le représentant comme un sectaire, à cause de sa tendance très réelle, mais notablement et rapidement décroissante, au mysticisme. Trop souvent, il est vrai, et même la plupart du temps, les mystiques, convaincus qu'ils sont les dépositaires de la vérité, considèrent toute opinion différente de la leur comme étant « le mal », et tombent logiquement dans l'intolérance absolue. Egidy est incapable d'une telle confusion, d'un semblable sophisme. Il est visible que, pour lui, comme pour tous ceux qui sont empreints de l'idée de solidarité humaine, le mal, c'est tout acte anti-social, anti-humain, c'est ce que Charles Épheyre appelle si justement « la douleur des autres ». Quant à la liberté de conscience, il n'y a pas de point sur lequel il s'explique plus fréquemment et plus nettement, sans doute parce qu'il voit combien elle est sur les lèvres des hommes plutôt que dans leurs cœurs. Pour lui, elle est le droit primordial de l'individu, la condition essentielle de la dignité humaine, elle est l'homme même. Voici par exemple un passage dans lequel il prend à partie un pasteur, aux sentiments pacifiques, mais qui avait dit qu' « il faut laisser l'incrédulité aux athées » :

« Ainsi donc, l'excellent homme en est encore à cette ritournelle de l'athéisme ; on peut lui passer cela. Mais ce que les lecteurs de *Versöhnung* ne lui passeront pas, c'est l' « incrédulité ». Oho, M. le pasteur ! Ignorez-vous que le mot d'incrédulité (au moins, dans le sens où vous l'employez) a été de tous temps, et qu'il est encore un retentissant cri de guerre ? C'est la sonnerie de l'assaut, à laquelle les musulmans répondent par le fer et le feu ; les chrétiens selon l'Église, par l'anathème et la malédiction ; l'État, par la persécution et les préjudices ; la société, par la calomnie et le mépris. Toute opposition de deux conceptions, tendant à montrer que l'une est plus élevée, et l'autre inférieure, est une déclaration de guerre, est la guerre. Pour l'homme de l'avenir, pour l'homme de l'ère sans violence, il n'y aura pas des croyants et des mécréants, au sens ecclésiastique du mot : il n'y aura que des *hommes d'autre croyance*. Tout homme pensant croit autrement que tous les autres hommes, car tout homme pensant veut être un Moi [1]. »

*
* *

Quant à *L'ère sans violence*, on peut dire de ce morceau qu'il expose, dans sa conception la plus large, le programme même du Parti pacifique international.

Ce n'est pas, à proprement parler, un article de revue, ni un discours présenté au public sous sa forme définitive et châtiée. C'est un résumé — par endroits, en style télégraphique — de la belle conférence, mentionnée plus haut, qu'Egidy fit à Hambourg en 1897, et qu'il dut redire, par la suite, dans quantité de villes allemandes.

Je le répète, *L'ère sans violence* condense en quelque sorte toute la doctrine, toutes

1. *Versöhnung*, novembre 1897.

les aspirations du Parti pacifique international ; tous, nous ne pouvons que souscrire, sans restriction, à ces pages éloquentes. Il s'y trouve toutefois un passage qui provoquera sans doute quelque étonnement, pour ne pas dire certaines protestations, et sur lequel il convient donc de fournir quelques explications.

La pensée maîtresse d'Egidy est que la guerre n'est qu'un des symptômes, une des nombreuses formes accidentelles du mal véritable que nous avons à combattre, et qui est la violence dans les rapports d'homme à homme. S'en prendre directement à la guerre, à la guerre seule, est une erreur, une faute de tactique. C'est à l'esprit de violence qu'il faut courir sus, dans toutes ses manifestations; il faut abolir non seulement la violence qui s'exerce en vue de la domination politique ou de la conquête, ou pour imposer une idée aux esprits libres qui la repoussent, mais encore la violence dans la lutte pour le pain quotidien, cette violence grâce à laquelle les uns possèdent beaucoup, et les autres rien. Il faut, nous dit Egidy, reconnaître à chacun le droit à l'existence, et non pas seulement à une existence purement animale, mais bien à une « existence digne d'un homme » *(ein menschenwürdiges Dasein)*.

— Socialisme, s'écrieront de bonnes gens ! Votre Egidy n'est qu'un socialiste, qui va nous proclamer le droit au travail, et demander l'ouverture d'ateliers nationaux. Deux fois utopiste, donc : d'abord, comme partisan de la paix internationale, puis, comme socialiste.

— Soit, mais raisonnons.

Je lisais dernièrement que la statistique a relevé l'an dernier, en France, sur cette terre bénie qui a inspiré aux Allemands leur locution proverbiale « heureux comme Dieu en France », 420 cas de décès par inanition. Plus d'un par jour.

Et cela n'est rien encore. Les statisticiens ne nous dénombrent là que les individus que l'on a trouvés morts, et dont l'autopsie a révélé qu'ils ont réellement péri faute d'avoir mangé depuis plusieurs jours. Mais, à ce nombre, il faut ajouter d'abord ceux qui ont souffert la même mort, mais qui, pour une raison ou pour une autre, ont échappé à cette constatation positive et officielle.

Et surtout, il faut ajouter ceux qui, sans succomber brusquement à une crise d'inanition trop prolongée, *n'ont pas assez vécu parce qu'ils n'avaient généralement pas assez à manger*; et ceux-là, c'est par milliers et par dizaines de milliers qu'on les compterait, si l'on pouvait les compter. Qu'on relève la durée de la vie moyenne parmi les habitants aisés, puis dans le reste de la population d'un pays quelconque, et l'on verra quel nombre formidable d'existences est fauché annuellement par la misère, qui n'est autre chose que de la *faim chronique*[1] !

1. D'une communication faite par le docteur Cheysson à la

Mais n'y eût-il à tenir compte que des 120 décès officiellement attribués, en France, et pour une seule année, à autant de crises de faim aiguë, on serait encore en droit, on aurait le devoir de s'élever contre la possibilité d'un tel état de choses. Il n'est pas admissible que des faits pareils se produisent journellement dans une société civilisée. Ou du moins, je dis que s'ils se produisent, et qu'on en ait connaissance, et que la société ne s'en émeuve pas au point d'en prévenir le retour, il n'est pas permis à cette société de se dire civilisée. Il est intolérable, enfin, qu'un homme qui a la volonté de travailler puisse, en attendant de trouver du travail, mourir de faim, ou seulement

Société de médecine, le 24 février 1891, il résulte que la mortalité parisienne varie du simple au double entre l'arrondissement de l'Élysée et celui de Reuilly : au taux du premier de ces arrondissements, il mourrait à Paris 20.000 personnes de moins par an. Or, l'arrondissement de l'Élysée n'est pas exclusivement peuplé de riches, et sa situation même est donc améliorable.

se voir réduit à un état de misère confinant à l'inanition.

C'est cette vérité élémentaire, encore incomprise d'un trop grand nombre de personnes, qu'Egidy nous indique avec sa concision habituelle. Mais cela ne signifie pas qu'il se présente au public comme détenteur d'une formule magique pour réorganiser la société du jour au lendemain et de fond en comble. Il sait — qu'on veuille bien le croire — il sait qu'il n'existe pas de telle panacée, applicable de but en blanc. Seulement, il nous montre, d'un mot, l'un des vices fondamentaux de cette société dont nous sommes si fiers (et qui, assurément, vaut mieux que celle de l'homme des cavernes) ; et il nous fait comprendre que notre premier devoir est d'y remédier par tous les moyens possibles. Il ne s'agit pas là simplement d'une « question de ventre », comme le disent, avec un dédain fort déplacé, certains hommes qui ne connaissent pas la faim et n'admettraient pas l'idée de s'y voir réduits. Ou plutôt, cette « question du ventre » domine et englobe toutes les autres. L'existence misérable et précaire à laquelle sont condamnés des millions d'hommes, dans les pays prétendus civilisés, fait d'eux réellement moins que des hommes ; elle est une offense à la dignité humaine, elle en est la négation.

Or, la dignité de l'être humain est pour Egidy une véritable religion. Il nous enseigne à la respecter, mieux encore, à nous efforcer de la rehausser en chacun de nos semblables. Il nous enseigne que nous devons, à cet effet, bannir toute violence, physique ou morale, reconnaître que nous sommes solidaires les uns des autres, et nous entr'aider en conséquence. Il veut nous inspirer, non une vaine charité, plus ou moins bienveillante, plus ou moins dédaigneuse, mais le sentiment de la justice et cette « morale supérieure qui se manifeste par la conception de l'accord de nos intérêts ».

Je veux bien que ce soit là du socialisme ; mais alors, qui donc osera ne pas revendiquer le titre de socialiste?

Il est très remarquable, d'ailleurs, qu'Egidy est traité de socialiste par les uns, et d'adversaire du socialisme par les autres ; et cette contradiction ne laisse pas de l'amuser fort. La vérité est qu'il n'est l'homme d'aucun parti, d'aucune coterie. Dans le pays du monde où il existe le plus d'associations de toute nature, sérieuses ou futiles, il a toujours refusé de faire partie d'aucune d'entre elles : il n'est même pas de l'*Association Egidy*, qui s'est fondée à Berlin pour la diffusion de ses idées ! Seul un homme d'une semblable valeur peut se permettre une telle indépendance ; on peut même dire qu'il se la doit à lui-même, en ce sens qu'il se diminuerait, et réduirait ses moyens d'action, en entrant dans le cadre étroit d'une association ou d'un parti constitué, et en se pliant à une règle bonne pour le commun des hommes.

Egidy se suffit à lui-même, et s'en rend compte ; il le dit, avec une franchise qui serait vanité chez un homme ordinaire, mais qu'approuvent tous ceux qui le connaissent. Suivant les termes de la lettre citée plus haut, il est bien « *ein ganzer Mann — Egidy* » !

Aussi incapable de vouloir embrigader les autres, que réfractaire à l'embrigadement pour lui-même, Egidy combat donc dans la plénitude de son indépendance, pour l'Humanité entière, qu'il veut voir meilleure et plus heureuse.

De là vient qu'en nous montrant la nécessité impérieuse, urgente, d'améliorer notre état social, il ne s'attarde pas à préconiser telle ou telle mesure de détail, et des mesures législatives moins que toutes autres. La mission qu'il s'est donnée n'est pas d'exécuter des réformes, mais d'en faire comprendre la nécessité ; il s'agit pour lui de créer le mouvement d'opinion qui les rendra possibles, les fera désirer et finira par les imposer. Il indique des tendances, des buts malheureusement encore lointains, et comprend qu'il aura beaucoup fait s'il détermine les hommes à marcher vers ces buts, par les voies qui leur sembleront le plus avantageuses, et qui ne sont pas nécessairement les plus directes. En un mot, et pour employer une expression militaire qui est bien en situation à son propos, il désigne des « points de direction », que nous ne pourrons atteindre qu'en franchissant ou en contournant, selon le cas, les mille obstacles qui encombrent la route.

Aussi ses adversaires n'ont-ils pas manqué, en Allemagne, de le flétrir du nom d'« idéaliste », que je lui ai entendu appliquer vingt fois par des hommes au cerveau diversement obtus ; idéaliste, c'est-à-dire utopiste, abstracteur de quintessence, qui se dupe lui-même et dupe les autres de sa chimère ! Ne doit-on pas reconnaître, au contraire, un esprit éminemment pratique à un homme qui, avant d'essayer de réaliser l'idéal de la future Cité d'amour et de solidarité, se préoccupe de le faire comprendre et, en le faisant aimer et désirer, de le rendre réalisable? Les autres, trop pressés, ne mettent-ils pas les bœufs derrière la charrue?

*
* *

Il faut bien comprendre que quand il arrive à Egidy de réserver une opinion, c'est qu'il s'agit d'une question de voies et moyens dont le choix variera suivant les circonstances, les lieux et les gens, ou bien d'un problème auquel il serait par trop prématuré de vouloir indiquer une solution satisfaisante. Mais quand il croit possible de quitter le terrain des généralités pour indiquer à nos efforts un but déterminé, immédiat, c'est avec joie qu'il précise sa pensée, et lui donne un objet concret. Sa logique implacable lui montre les dernières conséquences de la vérité qu'il a reconnue; sa conscience rigide le préserve de toute compromission ; et aucune considération, dès lors, ne peut le faire dévier de la voie qu'il s'est tracée.

Si l'on veut savoir, en particulier, comment il conçoit la conciliation entre les nations, on lira *Nos biens les plus sacrés.*

Ce morceau fut écrit, à la fin de 1896, à l'occasion du tableau allégorique que peignit Guillaume II pour convier les nations européennes à s'unir contre la Chine : « Peuples de l'Europe », s'écriait emphatiquement — et vraiment hors de propos — l'empereur allemand, « préservez vos biens les plus sacrés ! »

Et là-dessus, Egidy de se demander, non sans ironie, quels sont donc ces biens les plus sacrés ; et la réponse qu'il donne d'emblée « la liberté intellectuelle et l'affranchissement économique de l'individu » n'est sans doute pas celle que le souverain avait en vue.

Sans doute, Egidy fait profession d'être, et il est réellement, un sujet loyal de l'empereur-roi. Mais c'est un sujet comme j'imagine que Guillaume II ne se soucierait pas d'en gouverner quelques millions. Rien ne le retient de dire leur fait aux puissants de ce monde. Sans doute, la monarchie lui apparaît comme un organe indispensable de la société allemande. Mais, visiblement, elle est pour lui une institution principalement traditionnelle, d'un caractère semi-religieux, impliquant plus de devoirs que de droits pour le souverain. Comme chacun de nous, celui-ci doit se pénétrer de son devoir d'état, et s'y conformer; et ce devoir consiste à se vouer au bonheur de son peuple. S'il ne s'en acquitte pas sans doute Egidy ne menace pas; ennemi de toute violence, il ne préconisera jamais une action révolutionnaire; seulement, si le prince manque à ce devoir, il perdra l'amour de la nation, qui fera par elle-même ce qu'elle attendait d'abord de lui.

Ces choses là, dites en plein Berlin à l'auteur de la maxime *Voluntas regis, suprema lex populi*, sentent terriblement le fagot. Au fond, Egidy m'est toujours apparu comme un républicain qui s'ignore. Ou pour mieux dire, il fait penser, par son admirable éloquence, aussi bien que par les avertissements désespérés qu'il donne à la monarchie, à Mirabeau ; mais, bien entendu, à un Mirabeau sans ambition personnelle comme sans reproche, à un Mirabeau qui, de sa vie entière, n'aurait même pas connu la tentation de dévier, si peu que ce soit, du droit chemin.

Ainsi, les « biens les plus sacrés, que Guillaume II invoque sans songer à les définir, Egidy les définit d'une manière certainement inattendue pour l'empereur. Et il montre ensuite que, loin d'avoir dès maintenant à les préserver, le peuple en est encore à les conquérir; et que, le jour où il pourra être question d'en organiser la défense, ce ne sera pas contre les Chinois, qui n'en peuvent mais : ce sera contre les puissants et les rétrogades à qui on aura dû les arracher. Le péril chinois, en effet, est un épouvantail, un dérivatif, mais ne répond à aucune réalité; ou du moins, Egidy montre, comme nous, les Pacifiques, avons eu vingt occasions de le faire, que ce danger n'existera qu'autant que les Européens le créeront eux-mêmes : qu'on laisse les Chinois en paix, c'est tout ce qu'ils demandent.

Quant aux relations franco-allemandes... mais ici, il vaut mieux laisser la parole à l'auteur. Qu'on lise donc plus loin les conseils que ce noble, cet officier, donne résolument à son roi (car il faut noter encore ce fait caractéristique, qu'en Prussien fidèle à la tradition, Egidy s'adresse plus volontiers au « roi » qu'à l'empereur). On verra là quelle est la hauteur de vues, quel est le courage civique de cet homme, qui ose rompre en visière au plus puissant des préjugés, en déclarant qu'il existe une question d'Alsace-Lorraine, et que cette question doit être résolue à l'amiable.

*
* *

Un des points capitaux de la conférence sur « L'ère sans violence.» est la question de l'éducation. Aussi bien est-il arrivé souvent à Egidy de désigner ce morceau par le titre « La préparation morale à l'ère sans violence ». Toute notre propagande, en somme, se ramène à une question d'éducation, éducation des enfants, éducation des adultes.

Cette dernière, qui se heurte aux préjugés développés antérieurement en chacun par une éducation opposée, est la plus difficile de beaucoup. Elle doit servir principalement à maintenir tant bien que mal la paix relative actuelle (j'entends, la paix dans le sens le plus général, non seulement la paix internationale, mais la paix sociale), jusqu'au jour où les solutions définitives pourront être abordées par la première génération qui aura été élevée en vue de cette œuvre ; elle doit permettre notamment de former les maîtres qui enseigneront cette génération future.

C'est donc l'éducation des enfants, de ces esprits encore vierges et par conséquent aussi accessibles aux bons enseignements qu'aux mauvais, qui est la grosse affaire de toute propagande. Aussi Egidy ne néglige-t-il pas de s'adresser à eux ; il leur consacre, sous le titre de *Jugendblatt* (*Feuille pour la jeunesse*), un petit supplément de quatre pages, encarté dans chaque numéro de sa revue.

Le morceau présenté ici au public français sous le titre *Cœurs pacifiques* est un de ces suppléments. On trouvera là, non plus la parole énergique de l'orateur qui entraîne les foules, mais l'enseignement doux et patient du père de famille conscient de sa haute responsabilité d'éducateur ; et l'on ne pourra manquer d'être touché du tact et de l'extrême délicatesse qu'il montre ici, en parlant à des enfants des rapports franco-allemands et de la fête de Sedan. C'est véritablement un autre écrivain qui se révèle à nous dans ces petites feuilles volantes ; ou, pour mieux dire, de toutes les rares qualités dont l'ensemble constitue le talent si personnel d'Egidy, celles qui sont ici mises en œuvre sont avant tout la bonté, la mansuétude, la bonne humeur calme et robuste. Au reste, rien ne caractérise mieux la diversité des deux séries d'écrits qui forment sa contribution personnelle à la revue *Versöhnung*, que les épigraphes qu'il leur a données. Tandis que ses articles de fond portent toujours le titre général de *Pensées sérieuses*, suivi de cette maxime, extraite de la *Chrétienté-Unie* : « Que la religion ne soit plus à côté de notre vie ; que notre vie même soit une religion », la devise de ses *Feuilles pour la jeunesse* est : « Apprends à penser avec ton cœur ».

Ici encore, Egidy a su prendre réellement le contact du public spécial auquel il s'adressait : ses jeunes lecteurs se sont accoutumés à voir en lui un guide paternel, à le consulter, par lettres, de toutes les parties de l'Allemagne, et — j'en ai eu des preuves — à suivre ses enseignements.

Qu'il se trouve beaucoup d'hommes pour propager la pensée de ce noble esprit, et ses admirateurs eux-mêmes s'étonneront de la rapidité des progrès accomplis. On n'apprécie pas à sa valeur, on ne saurait s'exagérer la puissance modificatrice de l'éducation. Tel enfant, issu de vingt générations fidèles à une patrie, à une religion donnée, s'il est transplanté, deviendra le sectateur fanatique d'une foi opposée. Telle réforme, qui semble choquante ou abusive aux hommes mûrs, c'est-à-dire à des esprits façonnés jadis d'après un idéal différent, apparaîtra comme naturelle et nécessaire à des enfants à qui on en aura montré le bien fondé. Nos arrière-grands pères croyaient à la légitimité d'une religion d'Etat, nos grands pères — les pères des vieillards d'aujourd'hui, à celle de l'esclavage. Nos contemporains reconnaissent la liberté de conscience et réprouvent l'esclavage, mais ils admettent encore la guerre, le duel, la peine de mort, l'inégalité des sexes, la concurrence hostile pour la richesse. Il dépend de nous que nos fils proclament la solidarité humaine.

Juillet 1898.

(Après la mort d'Egidy)

Egidy n'est plus! — En pleine vigueur, en pleine action, il est tombé foudroyé, et ceux qui l'ont connu savent que cet homme ne peut être remplacé : ce n'est pas l'Allemagne seule, c'est l'Europe future, l'Europe-Unie qui perd en lui son meilleur citoyen.

Sa mort causa en Allemagne une véritable stupeur, et les journaux de tous les partis lui rendirent un hommage unanime dont on trouverait difficilement un second exemple[1]. Un ami commun, M. A.-H. Fried m'écrivait, aussitôt après :

1. Voir la collection d'articles recueillie dans les numéros de février et mars 1899 de *Versöhnung*.

« Il était dans notre pays le champion de la Justice et de la Vérité. Il avait bien des adversaires, mais pas un ennemi. Vous ne pouvez, à distance, vous faire une idée de la loyauté de ce caractère, ferme comme le roc. Il forçait l'amour de quiconque l'approchait.

« On le vit bien devant sa tombe. A côté du Grand-Ecuyer de l'empereur, il y avait là les principaux anarchistes de Berlin ; à côté de lieutenants de la garde, marchaient les socialistes, les féministes, les membres des Sociétés de la Paix, de pauvres gens portant quelques fleurs, et des riches, avec des carrosses somptueux et des couronnes magnifiques.

« ... Je voudrais ajouter encore ceci. L'Egidy de ces derniers temps n'était plus celui des *Pensées sérieuses*. Au début, il avait une tendance au rêve et au mysticisme, mais il s'était développé avec une rapidité surprenante dans le sens de la politique et de la morale sociales. De jour en jour, il s'engageait davantage dans les voies de la pratique ; et qui peut savoir jusqu'où il serait allé encore ! Ce qui est bien certain, c'est que nous n'avons personne en Allemagne pour tenir la place de cet homme. »

Voici encore quelques souvenirs et quelques traits caractéristiques que le même écrivain rapportait, le lendemain même de la mort d'Egidy, dans la *Berliner Zeitung* du 30 décembre 1898.

A la fin d'octobre dernier, Egidy était allé à Vienne, pour y faire une conférence sur le message du tsar. A cette occasion, le comité de la Société autrichienne de la Paix lui offrit un dîner, où il se trouvait le voisin de table de M. von Gnievose, député autrichien, ancien capitaine de cavalerie. Ces messieurs causaient entre eux avec animation, quand on entendit, M. von Gnievose s'écrier : « Comment, c'était vous ? — Alors, dit Egidy, vous vous souvenez du jeune sous-lieutenant qui reçut Bülow dans ses bras ? — Sans doute, je le vois encore l'emportant hors de la mêlée ; je lui envoyai deux de mes hommes pour l'aider. — Eh bien, ce sous-lieutenant, c'était moi. J'ai conservé l'épée de Bülow, elle est dans mon cabinet de travail. » Ces deux hommes avaient manqué s'égorger l'un l'autre, 32 ans auparavant, à Sadova ; ils se retrouvaient, combattant côte à côte dans l'armée de la Paix, et échangèrent une poignée de main en silence [1].

« Il est impossible de jamais oublier Egidy », écrit M. Fried, « quand on l'a vu ou entendu, ne fût-ce qu'une fois, dans une réunion publique. Cet homme ramassé, trapu, à la tête énergique sous sa moustache à la hussarde, qui apparaissait tou-

1. Ils ne sont pas seuls anciens officiers dans l'armée de la Paix ; pour ne citer que les vivants, je mentionnerai, parmi les militants de l'idée pacifique : en France, l'amiral Réveillère ; en Allemagne, le comte Bothmer, ancien lieutenant de cavalerie ; en Belgique, M. de Gocij, ancien lieutenant du génie ; en Danemark, M. Fredrik Bajer, ancien lieutenant de cavalerie ; en Italie, le général Turr, le colonel Majocchi, le capitaine Fabio Ranzi, le sénateur di Prampero, ancien capitaine d'état-major ; en Suède, le député Wawrinsky, ancien capitaine d'artillerie.

jours militairement vêtu d'une redingote noire, avec un chapeau de soie à la main, avait le talent de charmer et de subjuquer aussitôt son auditoire. Son élocution était brève, hachée. Il commençait toujours par cette formule concise : « Hommes et femmes ! » Quand il voulait mettre certaines idées plus spécialement en évidence, il aimait à former des mots originaux, qu'il soulignait par une intonation de commandement. Quand il s'écriait : « *ent*konfessionalisiren wir uns ! » (« dé-confessionalisons-nous ! »), en mettant l'accent sur la première syllabe, on croyait entendre : Joue — feu ! Et quand, dans l'ardeur de l'inspiration, il donnait plus d'ampleur à son débit, alors les cœurs des assistants bouillonnaient, l'orateur semblait grandir à la tribune, on eût cru le voir à cheval, à la tête d'un régiment prêt à charger. Dans ces moments, il savait amener les esprits jusqu'au point d'ébullition.

« Mais malheur, quand ce point d'ébullition était dépassé dans l'assistance, et que son discours était interrompu par des applaudissements ou des acclamations. Il se prenait alors d'un courroux vraiment sublime, et imposait le silence. « Pas d'approbations ! Taisez-vous », s'écriait-il, les veines du front gonflées, et le public dompté par sa colère, se taisait. C'est qu'il ne pouvait pas souffrir que, quand il était ainsi embrasé par l'inspiration la plus sacrée, on lui donnât la récompense des comédiens. Il n'était pas comédien. Il était un caractère, dans toute la force du mot.

« Et quand, à la fin de son discours, il arrivait que le public s'empressait vers le vestiaire ou vers la sortie, il se précipitait en avant de l'estrade. Un appel, un mot lui suffisait pour obliger la foule à s'arrêter et à revenir ! Il était de nouveau semblable au chef qui ramène au devoir une troupe prise de panique. « Halte ! s'écriait-il d'une voix de stentor, nous ne sommes pas ici au concert ou au théâtre ! Nous avons maintenant à causer sur les choses que je vous ai dites. » Et chacun retournait à sa place.

« Alors commençait la discussion ! Il se laissait adresser les attaques les plus vives ; et gare à l'assistance, si elle s'avisait de prendre parti pour lui et d'interrompre son contradicteur ! — Il se tenait tranquillement à côté de celui-ci, et prenait des notes. Ses discussions sont bien connues : c'est là qu'il donnait toute la mesure de ses facultés oratoires.

« Les écrits d'Egidy étaient aussi droits, aussi martiaux que ses discours. Ses phrases étaient courtes, coupées, traversées d'allusions rapides qui en disaient long. Il donnait une telle vie à la parole écrite, qu'en lisant ses articles et ses lettres, on croyait entendre sa voix pénétrante. »

*
* *

Aujourd'hui que, suivant l'expression de

M. Fried, « ce chêne noueux est tombé », il convient de compléter par quelques touches supplémentaires le portrait que j'ai tenté d'en donner au public français, dont il n'a malheureusement pas eu le temps de se faire connaître. On trouvera donc plus loin la traduction de quelques-uns de ses derniers écrits, qui sont précisément des plus caractéristiques au point de vue de la connaissance de ce grand caractère.

On a vu déjà, à propos de l'article sur *Nos biens les plus sacrés*, combien Egidy était peu capable de voiler, par égard pour les idées courantes, les conséquences obligées des principes dont il avait reconnu la justesse : s'il exista jamais un homme dont la conscience fut un « impératif catégorique » c'est assurément lui. Aussi fut-il un des premiers et, il faut bien l'ajouter, des rares Allemands qui, ayant osé regarder en face le problème de l'indispensable réconciliation franco-allemande, en ait courageusement recherché les conditions nécessaires.

Sans doute, en dehors de quelques milliers de *junkers*, il n'existe personne en Allemagne qui ne désire cette réconciliation ; mais il faut bien reconnaître que ce souhait procède le plus souvent du sentiment le plus terre-à-terre — du besoin de tranquillité, plutôt que d'un sentiment de justice ou de l'esprit de conciliation ; la plupart de nos voisins en sont restés, comme moyen de pacification, à la vieille devise « tenir sa poudre sèche » : ils ne conçoivent pas qu'on puisse demander une concession à celui qui est fort, et qu'une entente à l'amiable soit plus avantageuse que la supériorité dans la course au clocher des armements. Ils ne comprennent pas que la paix maintenue par la force, la paix imposée, n'est pas réellement la paix, et que ce nom ne peut être donné qu'à la paix librement consentie à la suite d'accords équitables. En un mot, ils croient que la réconciliation peut s'imposer, alors que, comme la confiance, elle est essentiellement rebelle à toute violence, fût-ce à cette violence latente qui s'appelle la supériorité des armements. Ils proclament donc qu'un traité existant est intangible, et ne saurait être mis en discussion, même en vue d'une révision amiable ; que le premier article de foi d'un pacifique doit donc être le maintien indéfini de tout traité, quel qu'il soit, bref qu' « il n'existe pas de question d'Alsace-Lorraine ».

Un esprit aussi élevé que celui d'Egidy ne pouvait manquer de dégager la question de ces sophismes dont on essaye de la voiler ; il devait reconnaître que la population de l'Alsace-Lorraine constitue bien un peuple, auquel on ne peut refuser les droits élémentaires de ces personnalités collectives qu'on appelle nations ; il devait reconnaître que quand un peuple — deux peuples même, celui d'Alsace-Lorraine et celui de France — élèvent une réclamation, on ne peut leur répondre que la question qu'ils proclament « n'existe pas », puisque l'existence de cette question résulte du fait même de leur protestation.

Aussi fut-ce un beau scandale en Allemagne quand Egidy fit, dans *Nos biens les plus sacrés*, une allusion à des concessions nécessaires à l'égard de la France. Et quelles concessions : prendre l'initiative du désarmement, comme il convient à celui qui fut le vainqueur dans la dernière rencontre, et à qui sa population seule et la configuration du territoire donnent de grands avantages ; puis supprimer la cause même du conflit redouté, en accordant à la population annexée le droit de disposer d'elle-même, droit aussi absolu pour un million et demi d'individus, considérés en bloc, que pour chacun d'eux pris isolément ! Et ce n'était pas un particulariste sud-allemand qui parlait ainsi, c'était un officier de l'armée prussienne, de la nation pour qui le droit de conquête est encore un dogme. Et ces théories subversives, il ne craignait pas de les indiquer comme représentant le devoir du roi, auquel il reprochait nettement de ne pas les avoir appliquées! Il faut toute la rude liberté d'allures à laquelle Egidy avait habitué le souverain, pour expliquer qu'il n'ait pas été poursuivi pour lèse-majesté.

Encore ne s'était-il pas permis de développer de vive voix ce sujet scabreux, dans une réunion publique. Le manifeste du tsar devait lui en fournir l'occasion. Et c'est par lui que fut poussé pour la première fois, en plein Berlin, le cri « l'Alsace-Lorraine aux Alsaciens-Lorrains » ! Il eut ce courage dès la première des quatre conférences qu'il fit dans les deux semaines qui suivirent la publication du manifeste[1].

1. Il faut noter à ce propos la prodigieuse activité que déployait Egidy comme conférencier. Voici une simple énumération de ses dernières conférences, relevée dans les derniers numéros de sa revue : les 4, 11, 15 et 21 septembre, conférences à Berlin sur le manifeste du tsar; en octobre, d'abord une tournée dans l'ouest de l'Allemagne — le 5 à Herford, le 6 à Elberfeld, le 8 à Dieringhausen, le 11 à Barmen; aussitôt rentré, le 14 à Charlottenburg; puis, le 18, le 19 et le 20, trois conférences à Vienne; le 21, à Aussig, en Bohême;

On trouvera plus loin le compte rendu de ces quatre conférences, tel qu'il a paru dans *Versöhnung*. Nulle part, peut-être, Egidy ne se peint mieux lui-même que dans ces sommaires très concis, dans lesquels il rendait compte à ses lecteurs de ses faits et gestes pendant le mois écoulé. Un simple plan de la conférence lui suffit pour indiquer le sujet traité, pris parmi ceux qu'il a antérieurement développés dans sa revue. En quelques mots, il indique la physionomie de la séance ; quand le public a été enthousiaste, il le dit tout simplement ; si sa

puis, encore à Berlin, le 26; aussitôt après, départ pour la Prusse orientale, et conférences le 29 et le 30 à Königsberg, le 31 à Memel ; le 1er novembre, à Tilsitt, le 2 à Elbing, le 3 à Stolp, le 4 à Danzig ; puis il traverse de nouveau toute l'Allemagne, de l'est à l'ouest et ensuite du nord au sud, pour parler le 28 novembre à Hambourg, le 29 à Cologne, le 30 à Wiesbaden. Il rentre alors à Berlin, pour y donner, le 4 décembre, la conférence sur l'affaire Ziethen, qu'on lira plus loin. Aussitôt après, il se remet en route, bien que souffrant d'un refroidissement, et parle encore le 8 à Hanau, le 9 à Ludwigshafen, le 12 à Frankenthal, le 13 à Heidelberg. Là, il est pris d'une crise de rhumatisme articulaire, qui l'oblige à rentrer le 15 à Berlin, et se complique bientôt d'une pleurésie et d'une péricardite, pour l'enlever le 29 décembre.

parole a été accueillie froidement, il le dit encore, aussi simplement[1]. Après quoi, il passe au résumé, scrupuleusement fidèle, de la discussion. Le tout donne l'impression de notes recueillies par un auditeur impartial.

Dans sa seconde conférence sur le manifeste du tsar, il dut s'expliquer sur les paroles relatives à l'Alsace-Lorraine qu'il avait prononcées la semaine précédente, et qui, dans l'intervalle, avaient provoqué un beau tapage de presse. La réponse est nette. La solution ne sera peut-être pas celle qu'il indiquait ; il a seulement voulu faire réfléchir ces « prétendus » pacifiques qui « désarmeraient si volontiers, *mais*... » ne veu-

1. Par exemple, dans le numéro de décembre 1898 de *Versöhnung*, il rend compte d'une conférence qu'il a faite à l'Association ouvrière berlinoise, sur son sujet favori, *La préparation morale à l'ère sans violence*. « C'était, dit-il, une des réunions ordinaires de la société, où il vient généralement peu de monde ; je parlai devant une salle comble. Je ne saurais dire si l'esprit général de mes paroles a été saisi. Du moins certains détails l'ont été, notamment ceux qui se rapportaient à notre vie intérieure, politique et constitutionnelle. »

lent faire aucune concession, dira-t-on en achevant sa phrase ; au reste, donne-t-il à entendre, l'idée de la constitution de l'empire allemand paraissait, il y a trente ans, tout aussi scandaleuse en Bavière ou en Prusse !

Il exprime ensuite, dans cette conférence, toute la désillusion que lui a causée dans la semaine écoulée, l'attitude des classes dirigeantes de l'Allemagne à l'égard du manifeste du tsar ; le roi, notamment, paraît surtout l'avoir accueilli avec un dépit jaloux ! Egidy espère au moins que le voyage en Palestine donnera à Guillaume II l'occasion de se rattraper.

Vaine espérance ! — Le numéro de décembre de *Versöhnung* — le dernier dont Egidy ait dirigé la composition, nous apporte l'expression de la déception douloureuse qu'il éprouva de ce côté. Puisse l'empereur allemand lire et comprendre ce véritable testament politique, ce cri d'angoisse d'un homme qui voudrait rester un sujet fidèle, et qui sent que son souverain lui en enlève la possibilité !

Dans cet article, Egidy commence par indiquer les circonstances atténuantes dont l'empereur pourra bénéficier dans l'histoire. « Nous ne devons pas oublier, dit-il, que la vie d'un peuple se manifeste non seulement par un fonctionnement organique, conscient, mais aussi par le moyen d'un mécanisme, d'un instinct ; et ce mécanisme continue à fonctionner — je dirai : en vertu de la loi d'inertie — pendant quelque temps après que la vie intime, intellectuelle, du peuple s'est engagée dans une direction nouvelle. Or, le moteur de ce mécanisme, qui fonctionne encore, en vertu de sa vitesse acquise, dans le domaine militaire, c'est le chef suprême de l'armée. »

Mais Egidy sait bien que ces considérations ne suffiront pas à rendre à l'empereur une popularité qui va chaque jour en déclinant. Et il écrit à ce sujet des paroles prophétiques..... qui seront sans doute perdues, comme il arrive toujours :

« Avec quels sentiments, se demande-t-il, les peuples de la Prusse et de l'Allemagne, accueillent-ils le souverain à son retour de Palestine ?

« Le cheik Abdulla-effendi, uléma de Damas, a donné à l'empereur allemand l'assurance « non seulement de la reconnaissance des Ottomans, mais encore de l'amour ardent de trois cent millions de Musulmans. » Se peut-il, est-il admissible, arrivera-t-il qu'il y ait compensation, pour notre roi, entre ces trois cent millions d'amours et ce qu'il perd chaque jour dans les cœurs de cinquante autres millions d'hommes? Cette désaffection, il n'en souffre pas encore, parce qu'il n'en a pas encore conscience; il l'ignore, parce que personne ne l'a averti du fait accompli. Mais le moment approche, où le roi connaîtra ce que des millions et des millions d'hommes savent déjà. Beaucoup le savent — et c'est là le plus attristant — sans en ressentir aucune affliction ; d'autres, dont le cœur saigne à cette idée. La disparition progressive de ce trésor d'amour qui entourait le roi, alors qu'il revêtit sa belle fonction — une fonction à la vérité pleine de responsabilités, mais nullement difficile — cette disparition n'échappe véritablement à personne (j'entends, à aucun homme qui mérite d'être pris au sérieux), bien qu'il se trouve des gens méprisables qui osent imprimer le contraire.....

« Qui est responsable de cette désaffection ? Les premiers intéressés, le peuple et le roi, ne sont certainement pas à l'abri du reproche ; mais la plus grande faute incombe à ceux qui séparent le peuple et le roi, qui s'insinuent entre eux, qui font du roi un homme à part, distinct de ses compatriotes. Les mots sont impuissants à exprimer le mal que font nos fanatiques adversaires du progrès — les soi-disant conservateurs — en général, et les fauteurs de poursuites pour lèse-majesté, en particulier... »

Pour ceux-là, ces hommes, les hobereaux des rangs desquels il avait su se détacher, et les bourgeois parvenus, avides de titres ronflants et prenant à la noblesse ses défauts et ses ridicules sans en acquérir les qualités, Egidy voyait en eux — et combien justement! l'obstacle à tout progrès moral et matériel, le danger le plus grave qui menace le développement de la nation. Il aimait à les qualifier d'un de ces mots expressifs qu'il excellait à forger : *die Kulturbremser*, les « serre-freins », où les « refréneurs de la civilisation ». C'est à eux que s'adresse son admirable article *L'émancipation des classes supérieures*, un pamphlet virulent, un avertissement suprême, dont on lira plus loin la traduction.

Dès maintenant, nous dit l'auteur, on peut considérer comme acquise l'émancipation des deshérités, c'est-à-dire du quatrième état et de la femme : il est temps de songer à celle de la classe supérieure, qui doit être défendue contre elle-même, et affranchie de ses préjugés et de ses vices.

On se tromperait fort en voyant une boutade dans le point de départ de cet article. Certes, Egidy ne dédaignait pas l'ironie ; il la maniait, au contraire, avec une puissance écrasante. Mais ici, il n'y a rien de tel. L'affranchissement des catégories sociales actuellement deshéritées ou opprimées est pour Egidy une nécessité impérieuse, en voie de réalisation. Les hommes les moins favorisés par le sort se sont élevés aujourd'hui à la conscience de leur personnalité et de leurs droits. Ce qu'ils réclament, c'est leur dû. Aucune force humaine ne peut plus les empêcher d'obtenir gain de cause ; le seul résultat possible de l'opposition que rencontreraient leurs légitimes revendications, serait de précipiter l'humanité dans des crises qu'Egidy s'efforce précisément de conjurer. En énonçant que cet affranchissement est dès maintenant un fait acquis, il veut simplement exprimer avec plus de force que nous sommes là en présence d'une transformation juste, inévitable, prochaine.

Aussi bien, tout en respectant les hiérarchies dont le rôle lui semble encore actuellement nécessaire, Egidy était-il un démocrate dans toute la force du terme. Les privilèges — dans la limite où il lui paraissait encore impossible de les supprimer — n'étaient à ses yeux qu'un impérieux motif de devoirs supérieurs : le but était, toujours et en tout, le bien général, l'amélioration des conditions matérielles et morales de l'existence humaine.

Aussi ne manqua-t-il pas de souligner la tendance réellement démocratique qui se manifeste dans ce mémorable message que le tsar, rompant avec toutes les traditions, a fait communiquer à la presse en même temps qu'aux chancelleries. C'est avec la plus grande énergie, et avec un rare bonheur d'expressions, que dans son article sur *Les conséquences militaires du manifeste du tsar*, il développe cette idée qu'il a émise si souvent, et que Tolstoï a exprimée par sa formule saisissante « le salut est en nous ». Oui, il est en nous : c'est bien à chacun de nous que s'est adressé le plus puissant des monarques, c'est sur la volonté de chacun de nous qu'il compte pour assurer le salut de la civilisation. Comme l'écrivait Egidy dans *Nos biens les plus sacrés*, c'est à nous, c'est aux plus humbles d'entre nous, de dire : je ne veux plus ceci ; je veux cela.

Le second point important de l'article sur les conséquences militaires du manifeste nous montre encore Egidy en parfait accord avec ceux qui travaillent, en dehors de tout système préconçu, à la pacification de l'Europe. Certes, les plans généraux de réformes, les panacées qu'il est si facile d'improviser dans le silence du cabinet, ne manquent pas autour de nous. Brochures, articles de revues, mémoires aux Congrès de la paix, travaux de toute nature, inspirés des meilleures intentions, mais dont les auteurs sont trop portés à oublier que les syllogismes ne gouvernent pas les nations — que produira tout ce fatras, que chacun de nous est plus ou moins coupable d'avoir contribué à grossir ? Sans doute, de ces mille propositions diverses et parfois contradictoires, pourra surgir peut-être l'idée rédemptrice. Mais le véritable intérêt de ce mouvement d'idées n'est pas dans les propositions fermes qu'il produit au jour ; il est dans l'esprit commun qu'elles manifestent, dans cette tendance impérieuse au rapprochement international, à la solidarité humaine, que des aveugles seuls peuvent contester aujourd'hui, ou du moins des hommes à courte vue, incapables de distinguer demain d'hier.

Donc, écrit Egidy, nous n'avons pas à nous préoccuper aujourd'hui du mécanisme suivant lequel s'opèrera le désarmement : il nous suffit de créer et d'affirmer la volonté de désarmer. Cette volonté une fois existante, les moyens se trouveront d'eux-mêmes, et pourront d'ailleurs différer notablement d'un pays à l'autre. C'est la même pensée que M. Frédéric Passy exprimait en disant « avant de désarmer, il faut créer l'esprit de désarmement », et que je traduisais moi-même par ces mots :

« Puisque les armements résultent directement de cet état de suspicion réciproque qui règne en Europe, *ils dureront autant que lui*, et tendront même continuellement à s'accroître. Pour les enrayer, puis pour les réduire, et pour les abolir enfin, il faut donc commencer par *dissiper les méfiances* accumulées par les guerres passées. Déjà, beaucoup de gens reconnaissent que tous les peuples, sans exception, ont soif de paix, et que les gouvernements, bon gré, mal gré, sont sincères dans les déclarations pacifiques qu'ils accumulent à l'envi. Quand cette notion se sera généralisée, le désarmement sera un phénomène aussi *logique*, aussi fatal, que le sont aujourd'hui les armements à outrance : il aura lieu dans tous les pays, progressivement et *spontanément*.

Autrement dit, *le désarmement n'est pas un moyen à employer, mais un résultat à atteindre* : le résultat d'un progrès moral que doivent réaliser les nations européennes[1]. »

*
* *

Peu de jours avant sa mort, Egidy a

1. Voir, plus loin, ma *Revision du traité de Francfort*. J'ai en effet cru devoir ajouter ici aux écrits d'Egidy quelques-uns des articles où, tout à fait indépendamment de lui, j'ai exprimé les mêmes idées sur la pacification internationale. La *Revision du traité de Francfort* est antérieure au début de nos trop courtes relations, de même que le mémoire *Comment se fera le désarmement*. Quand à l'article sur le message du tsar, il a été écrit à Clermont-Ferrand, le 4 septembre 1898 (je faisais là-bas un stage comme capitaine de réserve, et profitai pour cela de la liberté du dimanche); c'était le jour même où Egidy faisait à Berlin sa première conférence sur le message. Le 15 au soir, dernier jour de mon stage, je donnai une conférence sur le même sujet à l'Hôtel de Ville de Clermont, devant la Société des Amis de la Paix du Puy-de-Dôme.

encore donné à ses compatriotes un grand exemple de droiture et de courage civique, en mettant son éloquence au service de la réhabilitation de Ziethen, l'Affaire... Callas de l'Allemagne contemporaine.

Cette affaire peut se résumer en quelques mots. En 1884, un aubergiste du nom de Ziethen est condamné pour avoir tué sa femme, bien qu'il résulte assez nettement des débats qu'il n'a matériellement pas pu commettre le crime. En 1887, un autre homme avoue être l'assassin. En 1890, un médecin-légiste déclare officiellement que les pièces à conviction qui ont entraîné la condamnation ont dû être falsifiées ; et la rumeur publique désigne comme auteur de ce crime le commissaire de police qui fut mêlé à l'arrestation du condamné. Il semble dès lors que la revision du procès s'impose, et la Cour même qui avait condamné Ziethen décide de rouvrir une instruction ; mais le ministère public, c'est-à-dire le représentant du gouvernement, fait opposition à cet arrêt. Et, depuis quinze ans, Ziethen est au bagne pour un crime qu'il n'a certainement pas commis.

Il est impossible de prévoir quand justice lui sera rendue. La proclamation de son innocence entraînerait en effet la reconnaissance officielle du crime qui a été commis contre lui par le commissaire de police, représentant de l'autorité (ou par quelque autre fonctionnaire). Et dans ces conditions, toutes les puissances sociales ne peuvent que se conjurer contre le malheureux Ziethen, « pour le principe » : la raison d'État ne saurait admettre qu'un dépositaire d'une parcelle d'autorité soit convaincu de forfaiture — mieux vaut le supplice d'un innocent ! Et si, chez les peuples dont l'éducation politique est moins avancée que celle des Anglais et des Suisses, le pouvoir peut compter, pour une semblable entreprise d'étouffement, sur la complicité tacite de la masse inerte, il est certain que, dans une nation aussi respectueuse de toute hiérarchie que l'Allemagne actuelle, il était particulièrement difficile d'entreprendre une agitation efficace pour la réhabilitation de Ziethen. En fait, il n'y eut guère, au début, que les démocrates-socialistes pour prendre en main cette œuvre de justice et de purification nationale. Et il est intéressant de noter qu'au début de cette année un de leurs journalistes, M. Landauer, s'est vu condamner à la prison pour avoir pris une initiative semblable à celle de Zola, en « accusant » publiquement le commissaire Gottschalk, dans l'intention de créer un fait nouveau qui obligeât à reviser le procès de Ziethen.

Une si belle cause ne pouvait laisser Egidy indifférent. On lira plus loin le résumé de la conférence qu'il lui consacra, en 1897, et qu'il refit en décembre 1898, après la formation d'un comité pour la revision du procès. La protestation véhémente de l'ancien lieutenant-colonel contre le culte de la « raison d'État », au nom du vrai patriotisme, qui consiste « à développer la soif de justice chez l'individu comme dans la nation entière » ; la douleur que lui cause ce « grand crime national », compromettant le « bon renom » de la patrie ; ce cri d'une conscience angoissée, demandant qu'on ait le courage de « projeter la lumière sur les points sombres » de l'organisation actuelle ; cet avertissement désespéré, donné par un sujet fidèle aux autorités qui mènent toute une société à sa perte, fut la manifestation suprême de la vie publique d'Egidy, la dernière leçon qu'il donna à ses compatriotes avant de mourir.

Bien mieux, et comme pour rendre la leçon plus complète, Egidy avança certainement l'heure de sa mort, dans son désir de ne pas retarder ce qu'il considérait comme l'accomplissement d'un devoir urgent et sacré. Atteint déjà du mal qui allait l'emporter, il interrompit en effet, en plein hiver, une série de conférences sur l'idée pacifique, qu'il faisait dans l'Allemagne du Sud, pour retourner à Berlin au jour convenu, et y prononcer ce long discours de quatre heures ; il repartait aussitôt après pour reprendre sa campagne, portait encore la bonne parole dans trois villes différentes en six jours, et, définitivement terrassé par le mal, rentrait mourir au milieu des siens.

Certes, on peut dire de ce soldat de la civilisation qu'il est tombé au champ d'honneur !

*
* *

Je dois revenir encore, en terminant, sur cette troublante question des rapports franco-allemands, pour rapporter une anecdote restée inédite jusqu'ici, et que, du vivant d'Egidy, il convenait en effet de passer prudemment sous silence, du moins jusqu'au jour où il jugea bon de parler lui-même, en réunion publique, d'une revision du traité de Francfort.

Quand, en 1897, les Sociétés de la Paix tinrent pour la première fois leur Congrès annuel en Allemagne, elles se réunirent non dans la capitale, où elles craignaient de manquer de liberté, mais dans la ville libre et libérale de Hambourg, dont le gouvernement leur manifestait toute sympathie ; et, par un indispensable surcroît de prudence, il fut entendu entre les membres du bureau que toute allusion à la question d'Alsace-Lorraine serait écartée par la question préalable. Sans cette précaution, on allait au-devant d'une dissolution et de poursuites qu'il était parfaitement inutile d'encourir ; tout au moins plaçait-on soit les membres français du Congrès, soit les allemands, dans la plus fausse des positions.

Mais, si l'on ne pouvait agiter cette question dans une séance ouverte au public et à la presse, rien n'empêchait de la traiter dans une réunion privée, où toutes les opinions pourraient se produire librement. L'utilité d'une semblable conférence sa nécessité même, ne pouvait échapper à Egidy qui, s'étant mis d'accord avec un Alsacien et les Français présents au Congrès, convoqua dans un salon privé, outre ces messieurs et les protagonistes du mouvement pacifique, un petit nombre d'Allemands appartenant à tous les partis politiques. Toutes les journées et les soirées étant prises, la réunion n'eut lieu qu'après la fin du Congrès, et ne comprit donc que les personnes qui restèrent tout exprès un jour de plus à Hambourg. Il y avait là cinq Français, une demi-douzaine d'étrangers, et une dizaine d'Allemands ; parmi ces derniers, Egidy avait eu soin d'inviter même des chauvins avérés, qui n'avaient pas pris part au Congrès : à côté de pacifiques connus et de deux écrivains socialistes, il y avait un haut magistrat, un jeune officier de réserve, de bons bourgeois de Hambourg, confits en nationalisme.

L'Alsacien, d'abord, exposa les revendications de sa nation. Puis, j'eus la joie, que je n'aurais pas espérée à mon arrivée à Hambourg, et qu'un Egidy seul était en en mesure de me procurer, de résumer devant un auditoire allemand les idées que j'ai exposées dans ma *Revision du Traité de Francfort*. Après quoi Egidy, se réservant pour la discussion, donna la parole aux défenseurs du Traité de Francfort. Un bourgeois, puis le juge et l'officier de réserve nous firent alors passer un bien mauvais quart d'heure : toutes les déclarations du chauvinisme, toutes les assertions gratuites de ceux qui se plaisent à semer la haine entre les nations, se donnèrent un libre cours.

La suite de la discussion, qui ne pouvait naturellement consister qu'en un échange de vues de gens étonnés de discuter entre eux — mais qu'il était bon d'y avoir amenés, importe peu. Ce qui est intéressant à relever, c'est une interruption d'Egidy. Un de nos adversaires avait développé ce thème, que rien ne servirait à l'Allemagne de se montrer conciliante, car les Français ne verraient dans cette attitude qu'un signe de faiblesse et un encouragement à rouvrir l'ère des conquêtes en territoire allemand ; « les Français, osa-t-il dire, sont nos ennemis irréconciliables ; nous pouvons leur faire cadeau de l'Alsace-Lorraine, leur rendre leurs cinq milliards, nous n'aurons pas fait qu'ils n'aient pas été battus en 1870 ; tant qu'ils auront à leur passif une défaite, ils prémé-diteront leur revanche » ; et il conclut en dépeignant la désagrégation de l'Allemagne, qui suivrait une concession faite à l'Alsace-Lorraine : les Danois, les Polonais en demanderaient autant...... « *Aber gerade, mein lieber Herr*, s'écria Egidy ; *gerade so soll es sein. Diese Leute müssen wir los werden. Erst wenn wir sie einmal los sind, wird das deutsche Reich zu einem deutschen Reich!* » (Mais justement, mon bon monsieur ; c'est justement ce qu'il faut. Il faut que nous soyons débarrassés de ces gens-là. Ce n'est que quand nous en serons débarrassés, que l'Empire allemand deviendra enfin un empire allemand !)

Jamais je n'oublierai ce coup de poing sur la table autour de laquelle nous étions assis, ni ces intonations saccadées et fulminantes : ge-rraade,... loos werden,... loos sind !

Au cours de la même soirée, subitement la physionomie d'Egidy s'assombrit, et il traça deux lignes sur son carnet, qu'il me tendit ensuite. J'y lus ces mots : « Aujourd'hui, 18 août — Saint Privat ! » Ses yeux s'étaient remplis de larmes au souvenir de cette boucherie de deux armées également héroïques. Nous échangeâmes une poignée de main silencieuse et grave : ce devait être la dernière.

En vérité, la France a perdu autant que l'Allemagne à la disparition de cette grande figure.

IIe PARTIE

ÉCRITS DE MORITZ VON EGIDY

La conciliation

(Programme de la revue de ce nom.)

La conciliation ne consiste pas à farder les défauts de notre époque ; à jeter le voile sur les vices du système actuel ; à pallier les erreurs des individus ; à excuser les méfaits des puissants ; à identifier artificieusement les contraires, et à établir une analogie contre nature entre choses nécessairement différentes ; elle ne consiste pas à transiger, sur aucun point et dans aucune circonstance, avec ce qui est défectueux, alors que nous avons acquis la notion d'une chose meilleure ; à vivre en paix avec le mal ; à faire aucune concession à l'imperfection, à l'intolérance, à l'ambition, à la rage de dominer, à la présomption, au vice, aux préjugés ; elle ne consiste pas, enfin, à plier devant la tyrannie d'un dogme, quel que soit le terrain sur lequel il tente de barrer la voie au progrès : religion, morale, hygiène, économie politique, science, art.

Mais la conciliation ne consiste pas davantage à dénigrer sans cesse notre époque imparfaite, que nous devons supporter avec dignité, comme tout fait existant ; à condamner sottement ceux dont le point de vue est dépassé, sur la voie du progrès, et qui sont conduits ainsi à des erreurs inévitables ; à s'en tenir de parti pris, orgueilleusement, à son propre point de vue ; à fermer les yeux à la valeur d'autrui.

La conciliation consiste à reconnaître que nous formons une nation solidaire, et que les nations civilisées forment un monde civilisé solidaire ; à admettre clairement, résolument, sans réserve, sans ambage, courageusement, toute conséquence, *toute, sans exception*, qui découle de cette idée ; à provoquer l'entente de tous ceux qui travaillent loyalement pour le bien de tous, en vue de *réaliser* notre conception supérieure. Quiconque sent combien l'idée ainsi définie implique de sérieux, de volonté, d'énergie, de précision, saluera en elle la puissance invincible de qui dépend la transformation tant désirée. Que la Conciliation soit donc la bannière sous laquelle nous ferons fidèlement notre devoir, chacun à son poste.

Aimer, c'est pouvoir.

L'Ère sans violence[1].

Notre but n'est pas simplement d'abolir la guerre, mais de préparer *l'ère sans violence.*

La guerre, en effet, n'est qu'un des symptômes de l'imperfection morale où s'attarde le monde civilisé. Elle n'est pas le mal lui-même ; elle n'est qu'un acte de violence, résultant d'un sentiment insuffisant de la justice, et qui s'accomplit entre les États, exactement comme d'autres actes de violence, — provenant des mêmes causes, et tout aussi haïssables et funestes,

1. *Versöhnung*, septembre 1897.

se commettent journellement au sein de chaque nation civilisée, en pleine période qualifiée de paix.

Ne pas confondre Violence avec Force, Puissance. La force, et même la puissance qu'elle confère, sont des biens sacrés de l'humanité, des attributs divins ; mais quand la force se met au service de l'injustice, elle n'est plus sainte, mais maudite, et cette chose divine devient un mal. C'est *la violence* qui est le mal. Et si nous voulons combattre la guerre, c'est donc à la violence qu'il faut nous attaquer.

Quand nous parlons d'instituer la paix, nous n'entendons point que, de toutes les conditions actuelles de notre existence, la guerre seule doive être abolie ; ils se trompent, ceux qui croient à une disparition possible de la guerre, alors qu'à tous autres égards les hommes resteraient ce qu'ils sont. Nous ne pouvons, nous ne devons nous représenter la paix que dans une société entièrement transformée, c'est-à-dire en suite d'un perfectionnement intime des hommes, qui sont les artisans des conditions futures. De même que la guerre n'est qu'un des phénomènes caractéristiques de notre époque de violences, ainsi la paix ne doit nous apparaître que comme un des caractères d'une future *ère sans violence*. A nous de nous élever à une telle hauteur : notre génération, instrument de la mystérieuse loi d'évolution, est prédestinée pour cette œuvre ; c'est en nous-mêmes et dans nos semblables que nous devons préparer, inaugurer, développer et cimenter enfin l'ère sans violence.

*
* *

Comment se représenter cette ère sans violence ?

Un penser nouveau devra se saisir de nous. Non qu'il s'agisse d'imaginer des idées que personne encore n'a conçues. Mais certaines idées ont mûri, auxquelles nous devons donner une forme, un corps, la vie.

C'est dans les notions de « paix » et d'« ère sans violence » que nous trouverons le principe de ce penser nouveau. Les mots guerre, époque de la violence, désignent la nation ou l'humanité *désunie*, les hommes à l'état d'antagonisme réciproque. Aujourd'hui, les hommes saisissent toute occasion, tout prétexte, pour se diviser en deux groupes, deux partis, ou deux armées : cette disposition doit faire place à un état moral plus élevé, défini par la notion de la *solidarité humaine*.

Nous sommes solidaires les uns des autres. Solidaires, tous les hommes d'une même nation. Solidaires également, les nations, qui forment une même grande famille, le monde civilisé, l'Humanité.

De la notion de solidarité découle celle de l'*égalité en droit :* égalité des membres d'une même nation, égalité des nations entre elles. Mais ce mot n'implique aucunement l'uniformité, l'identité : ce qu'il faut entendre par là, c'est que tout individu a un droit égal à voir respecter son être moral.

La reconnaissance de ce droit développe chez l'individu *la conscience de sa personnalité*, d'où se déduit *le droit de disposer de soi-même*. Sans ce dernier, limité seulement par le droit analogue du voisin, c'est-à-dire par les devoirs de l'individu envers la collectivité, la solidarité aboutirait à une sujétion, à un nouvel esclavage, alors qu'il s'agit précisément de délivrer l'individu. Comme les idées précédentes, la conscience de la personnalité et le droit de disposer de soi-même s'appliquent d'ailleurs, non seulement à l'individu au sein de la nation, mais aussi à cette dernière, considérée comme une unité juxtaposée — non opposée — aux autres nations.

En sauvegardant énergiquement notre droit à disposer de nous-mêmes, en respectant avec le même soin ce droit chez nos prochains — nos égaux, — nous nous élevons à *la tolérance*. Celle-ci ne se borne pas au terrain confessionnel, où il va de soi qu'elle doit être pleine et entière. Elle s'étend aussi évidemment, aussi absolument, à tous les autres domaines : l'ère sans violence exige des hommes capables de supporter que leurs voisins diffèrent d'eux par le langage, la cuisine, voire par le costume.

Enfin la tolérance, appliquée aux choses de la justice, nous enseigne *l'indulgence* ; elle nous fait comprendre l'erreur ou la chute du prochain ; elle nous montre à distinguer entre la personnalité d'un homme et ses torts, réels ou supposés. En même temps, ce sentiment supérieur de la justice nous apprend à expliquer ces torts par les conditions dans lesquelles vit leur auteur, et de l'imperfection desquelles nous sommes tous responsables.

*
* *

Comment réaliser une semblable transformation des individus et des masses?

Il existe pour cela un moyen, un moyen infaillible, mais un seul : l'*éducation*. Je n'entends point par là cet enseignement des bonnes manières et des convenances courantes, qui se donne dans la famille ou à l'école. Il s'agit d'élever l'éducation à la hauteur d'un système qui mette fin aux procédés actuels de coercition sociale. Toute notre vie, aujourd'hui, est régie par les idées d'obligation et d'interdiction. On ne dira plus : « tu dois » et « tu ne dois pas », mais on amènera les hommes à dire : « Je veux être bon, je le veux, parce que je ne saurais faire autrement ». Déterminer la *volonté de bien faire*, y prédisposer l'enfant, la fortifier dans l'adulte, — voilà ce que c'est que l'éducation. Il est impossible d'imaginer l'ère sans violence, sinon liée avec cette méthode.

*
* *

Quel sera, maintenant, l'effet de cette

transformation des individus par l'éducation ?

Nos relations réciproques se modifieront. A mesure qu'un homme apprend à penser, à sentir, à juger avec plus de justice, il change de manière d'être à l'égard des autres. Il respecte leurs sentiments et leurs droits. Il ressent avec eux les torts qui leur sont faits, et cela est bon : il devient un champion de la justice et du progrès social. Sans doute, il discerne ce qui est laid ou haïssable dans leurs jugements ou leur conduite ; mais la conscience de sa propre pureté le préserve d'y voir une insulte, une offense pour lui-même. Ce que l'homme d'une éducation moindre appelle une offense n'est précisément, à ses yeux, que la conséquence de cette éducation défectueuse. Il s'efforcera donc d'agir en éducateur sur celui qu'on nomme aujourd'hui son offenseur, mais il ne sentira aucun besoin de lui infliger un acte de vengeance ou d'expiation : il ne le tuera, ni ne le livrera aux tribunaux. En un mot, nous devons extirper, par l'éducation nouvelle, le sentiment de susceptibilité que l'éducation actuelle inculque aux hommes. Cet adoucissement de leurs rapports est une condition essentielle de l'ère sans violence. La guerre, le duel et même les poursuites pour offenses sont choses connexes. Nous ne les éliminerons définitivement qu'en devenant plus justes, en renonçant à châtier par le sang le défaut d'éducation du voisin.

Sous l'empire de cette justice supérieure, la femme occupera une situation tout autre qu'aujourd'hui. Etant donnée la notion d'égalité en droit, il ne subsiste aucune subordination quelconque, dans le sens actuel du mot. Toute subordination est ressentie par le subordonné comme une coercition, sinon même comme une tyrannie, et engendre la résistance, la révolte, la guerre. Actuellement, la femme est en guerre contre l'homme, pour son bon droit, pour son affranchissement. On ne saurait concevoir l'ère sans violence, sans l'élimination définitive de la cause de cette guerre. Autrement dit : il faut reconnaître, sans réserve, le droit de la femme à disposer d'elle-même.

Autre condition nécessaire : la paix économique. La première conséquence de la notion de solidarité est que la collectivité a le devoir, non seulement d'accorder à chaque individu une existence digne, mais encore de la lui assurer par une organisation économique satisfaisante. Non seulement la guerre qui fait rage actuellement entre employeurs et travailleurs, mais la lutte d'intérêts entre les producteurs de la richesse et ses consommateurs doit faire place à une moralité supérieure, qui se manifestera par la conception de l'accord des intérêts. Quand les individus, à l'intérieur de la nation, auront pris conscience de cet accord, mais alors seulement, la nation dans son ensemble comprendra que le monde civilisé, puis l'Humanité entière, ne peut trouver le salut — la prospérité à laquelle aspire l'homme de l'avenir — que dans la solidarité des intérêts.

L'ère sans violence, d'autre part, ne connaîtra pas le confessionalisme, au sens actuel du mot. La croyance de chaque individu est son patrimoine inviolable et sacré, sa vérité à lui. Mais dans l'ère sans violence, il n'y aura plus de place pour une distinction, une différenciation des hommes selon leur croyance, ni pour l'inimitié des communautés religieuses, qui en découle immédiatement. La question religieuse, qui de tout temps a engendré les troubles, la haine, les persécutions, disparaîtra de la vie publique, pour devenir une affaire privée. Ainsi seront pacifiées les consciences.

Enfin, l'établissement de l'ère sans violence exige la disparition de tout esprit de domination. Ce n'est pas là une question de république ou de monarchie : l'idée monarchique, dont je suis personnellement un partisan inébranlable, continuera de vivre au sein des peuples à qui elle agrée. Mais on ne peut plus admettre l'existence d'un « pouvoir souverain », de « gouvernants » se considérant comme les maîtres des gouvernés. Ne l'oublions jamais : tant que la manie de dominer et l'esprit autoritaire conserveront un souffle de vie parmi les nations civilisées, ou seulement chez une seule d'entre elles, l'ère sans violence ne sera pas établie. Quand ces tendances se font sentir à l'intérieur d'une nation, elles peuvent, du jour au lendemain, faire explosion au dehors. Le principe fondamental de l'idée pacifique doit être et demeurer : abolition de la violence sous toutes ses formes.

∴

Que faire, pour instituer cette ère sans violence ?

Mille moyens, d'égale valeur, se présentent à la fois à mon esprit. Avant tout, je dirai : il ne faut pas concevoir les temps nouveaux comme devant résulter d'une succession d'événements subordonnés les uns aux autres. Il ne faut pas imaginer, par exemple, que la femme devra d'abord obtenir la reconnaissance de son droit, qu'ensuite on s'occupera des questions économiques, et ainsi de suite, et que nous ne pourrons songer à la paix que quand tout cela aura été réglé. Nous ne pouvons pas agir tous en universalistes ; pour progresser, il nous faut aussi des spécialistes, et cela dans chaque domaine. Seulement, chacun d'eux doit agir en liaison constante avec tous les autres, ainsi qu'avec les universalistes, sans quoi il devient exclusif ; et les hommes exclusifs, bornés, sont sans valeur pour le développement général. Donc considérons et estimons tout effort tendant au progrès. Ne reculons devant aucune idée émanant d'un sentiment plus pur, plus développé, de la justice ; ne reculons devant aucune des conséquences auxquelles nous conduit la recherche d'une organisation nouvelle et supérieure. — A certains égards, nous sommes entrés déjà dans l'ère sans violence ; les associations coopératives, par exemple, nous en donnent un avant-goût au point de vue économique. Mais nous ne ressentons pas encore les bienfaits de la paix, parce que nous n'avons pas encore accordé nos sentiments intimes avec les harmonies d'une ère sans violence, et parce que les peuples n'osent pas encore transformer leur organisation intérieure en vue de la paix.

* * *

Quelle est ici la tâche qui incombe aux Sociétés de la Paix ?

Ces Sociétés ne sont pas en état d' « instituer » la paix ; cela, nous le savons de reste ; mais elles contribuent à préparer les hommes à l'ère sans violence, à les élever jusqu'à ce niveau moral.

Or, quels sont, à cet égard, les points de vue essentiels? Avant tout, en tout, et toujours : ne pas considérer la guerre comme un fait isolé, indépendant, sans lien avec les autres manifestations de la vie sociale.

Puis, ne pas « flétrir » la guerre, comme on le fait souvent aujourd'hui. Aux yeux d'un grand nombre de nos semblables, la guerre est une nécessité, une arène où doivent se manifester les vertus les plus nobles, quelque chose comme une institution de bienfaisance. Elle leur semble présenter un caractère éminemment religieux : un même prêtre bénira des canons et inaugurera une fête de charité. Et, en vérité, l'institution de bienfaisance, tout aussi bien que la guerre, a sa raison d'être dans l'injustice qui subsiste encore parmi nous ; pour l'homme animé de l'esprit de justice, elle est donc un mal, tout comme la guerre. Mais toutes deux sont des caractères de cette époque de violences, qui touche à sa fin. Nous devons apprendre à discerner dans l'homme ce qui constitue son essence, à distinguer entre lui et son époque.

Eviter aussi de lier la lutte contre la guerre à de simples questions d'organisation, comme de savoir si l'on aura une armée permanente ou une milice, le service d'un an ou de cinq, des canons-revolvers ou à tir rapide. Et que les Sociétés de la Paix ne se préoccupent pas tant des institutions qui pourront un jour se substituer à la guerre. Aussi bien, si l'on a fait la guerre jusqu'ici, n'était-ce point par ignorance ou méconnaissance d'un autre moyen de résoudre les différends. En réalité, l'une des parties *voulait* résoudre par la violence une question qui, souvent, n'avait été soulevée que dans ce but ; et, par cette volonté, elle obligeait la partie adverse à recourir aux armes : exactement comme dans le cas du duel. Cette tendance à *vouloir* résoudre une question par la violence, c'est à l'éducation à l'extirper du cœur de l'homme. Quant au procédé qui permettra plus tard de régler les différends sans guerre, nous n'avons pas à nous en inquiéter : cela se trouvera, cela se précisera dans chaque cas, selon la nature de la question soulevée. Mais, en aucun cas, on ne pourra établir un véritable état de paix au moyen d'un tribunal *obligatoire*[1]. La notion

1. Ici une remarque est indispensable, pour lever un malentendu qui a déjà fait perdre bien du temps aux défenseurs de la justice internationale. Le sens dans lequel les partisans allemands de la *obligatorische Friedensjustiz* emploient le mot *obligatorisch* ne recouvre pas exactement celui du mot français « obligatoire ». Il implique l'idée d'une contrainte éventuelle, exercée *manu militari* par quelque pouvoir central disposant d'une force matérielle suffisante, c'est-à-dire un principe analogue à celui des « exécutions militaires » de l'ancienne Confédération germanique. Cette conception, qui commence généralement par séduire les personnes nouvellement venues à l'idée pacifique, est celle d'une très faible minorité du parti.

La grande majorité considère qu'un tribunal international, une fois institué, sera bien obligatoire pour les puissances qui l'auront reconnu, mais obligatoire au sens français, plus large et plus généreux, de ce mot. C'est-à-dire que ces puissances, en adhérant au tribunal, *s'obligeront elles-mêmes* à en reconnaître les arrêts, soit qu'elles aient remis à l'avance un gage en garantie de leur soumission, soit qu'il suffise, pour assurer cette dernière, de la notion, chaque jour plus répandue, que l'intérêt véritable d'un Etat — comme celui d'un particulier — est de respecter scrupuleusement ses engagements. Cette

d'obligation implique celle de coercition ;

doctrine est celle développée par la *Ligue internationale de la Paix et de la Liberté* dans son Congrès de Grenoble (1890), puis adoptée par le Congrès universel de la Paix de Berne (1892) ; elle a dicté à la Conférence interparlementaire de 1895 l'article 11 de son projet de Cour arbitrale :

« L'exécution des décisions de la Cour est confiée à l'honneur et à la bonne foi des Etats en litige.

» La Cour fera application des conventions des parties qui, dans un compromis, lui auraient donné le moyen de sanctionner pacifiquement ses décisions ».

Ainsi, l'idée d'obligation peut résulter :

1° D'un simple sentiment d'honneur national ;

2° De la crainte des conséquences naturelles d'une violation de la parole donnée. Par exemple, la convention monétaire de l'Union latine est respectée par les parties contractantes, parce qu'elles savent fort bien qu'elles se nuiraient beaucoup en la violant pour faire de la fausse monnaie ;

3° De la remise d'un gage, tel que somme d'argent, navire, domaine ou établissement de l'Etat, portion des recettes de l'Etat (douane, monopole, recettes d'un port), etc. ;

4° De représailles *pacifiques* (telles que la rupture des relations commerciales, l'embargo sur les navires, la saisie des biens des régnicoles), prononcées ou autorisées par la Cour.

Pour rendre exactement la pensée d'Egidy, il aurait donc fallu dire *tribunal coercitif* au lieu de *tribunal obligatoire*. Mais il aurait alors fallu supprimer toute la fin du paragraphe, que l'auteur a écrite précisément pour expliquer cette nuance à ses compatriotes. Il m'a semblé préférable de reproduire telle quelle la physionomie de son texte, afin de lever définitivement le malentendu créé par la déviation que le mot « obligatoire » a subie en passant dans le vocabulaire des Pacifiques d'Allemagne. (*Note du trad.*).

et cette dernière est, nous le savons, la mère de la rébellion. Toute institution obligatoire doit donc disposer d'une puissance qui lui permette d'imposer sa volonté aux récalcitrants. Or, je n'appelle pas ère sans violence celle qui devrait instituer au cœur de l'Europe une armée exécutive chargée d'appuyer les décisions d'un tribunal : peu importe qu'on lise sur les canons *ultima ratio regis*, ou bien *ultima ratio* de quelque tribunal européen !

*
* *

Sans doute, c'est un devoir pour tous, et notamment pour les Sociétés de la paix, d'agir sur la jeunesse dans un sens pacifique, et de lui présenter l'ère sans violence comme une chose dont elle verra certainement la réalisation. Mais il est inutile de recourir pour cela aux formalités extérieures, aux restrictions portant sur les jeux de l'enfance, auxquelles d'aucuns attachent tant d'importance. Nous avons tous joué « aux brigands et à la princesse », sans devenir pour cela ni brigands ni princesses ; nous avons joué aux Indiens, et sommes restés bien tranquillement chez nous. Mieux vaut un solide garçon, qui fait avec un sabre de bois des moulinets dans le vide et donne l'assaut à des forteresses de sable, sans faire ni même pouvoir faire de mal à personne, qu'un enfant souffreteux et gâté, que sa mère promène par la main, tandis que de sa canne il détruit une fourmilière ou décapite les fleurs des champs. Ne pas s'attacher à la forme ; il s'agit de l'âme de l'enfant ; éveiller dans l'enfant l'amour, le sentiment de la justice.

Ce qui est important, c'est de propager l'idée pacifique dans l'école. Ici, il faut une transformation radicale. Aujourd'hui — au moins dans l'école royale prussienne — l'enfant, qu'il s'agisse d'un garçon ou d'une fille, est élevé, façonné, exalté, exclusivement en vue de la guerre. Cela commence à l'heure du catéchisme et se poursuit dans les leçons de chant et de gymnastique. Jeux scolaires, fêtes scolaires, tout est exploité en faveur de l'éducation guerrière. Je ne m'occupe pas ici des exceptions, non plus que de la louable opposition de certains professeurs : je veux parler de l'esprit officiel, gouvernemental, qui anime encore tout notre système scolaire. Il faut combattre cela. Non qu'on doive enseigner aux enfants le mépris du passé ; mais il faut les élever en vue de l'ère sans violence, par principe, et avec autant de zèle qu'on le fait aujourd'hui en vue de la guerre.

Mais pour cela, il est indispensable que l'idée nouvelle soit comprise dans les cercles dirigeants de l'instruction publique ; et c'est ce qui n'a pas lieu aujourd'hui. Ce n'est donc pas par les jeunes, par la génération de demain, que nous devons commencer, mais par les vieux, par la génération d'aujourd'hui. Inculquer l'idée pacifique aux générations actuelles, voilà la nécessité du jour présent. Il faut contraindre l'opinion publique à traiter la paix comme *un fait existant*. On vient précisément de nous fournir pour cette action un fondement solide comme le roc : les deux souverains les plus puissants de notre petite planète ont échangé, à Saint-Pétersbourg, des paroles qui seront pour nos opérations des points d'appui inébranlables. L'idée de la possibilité de la paix amènera les masses à croire à la paix; et cette croyance aura pour fruit la certitude de la paix. A mon avis, les Sociétés de la paix ne sauraient faire mieux que d'exprimer une reconnaissance sans réserve pour ces déclarations; en vérité, elles seraient en droit de décerner à ces deux souverains le titre de membres d'honneur !

Reste à veiller à ce que les mêmes journaux qui saluent aujourd'hui avec allégresse ces manifestations princières, ne recommencent pas demain à dénigrer, à railler, à calomnier le travail sérieux des Sociétés de la paix.

*
* *

Et reste enfin à aborder les masses. Mais là, ne pas réserver la parole exclusivement aux Pacifiques ; laisser leur tour aux sceptiques, aux ennemis du progrès, aux esprits bornés, aux méchants, aux violents, aux braillards belliqueux. Que, devant le peuple pacifique assemblé, ils montrent ce qu'il y a de sincère dans leur foi religieuse, dans leur morale, dans leur attachement à un « souverain pacifique » ! Nous les écouterons sans broncher jusqu'au bout, jusqu'à ce qu'ils aient tiré leur dernière cartouche. Mais ensuite, ce sera notre tour : les forces pacifiques donneront l'assaut, et les échos retentiront de la volonté d'un peuple qui aspire à la justice, réprouve la violence, et veut la paix !

Ce ne sont pas les hommes qui font la loi suivant laquelle le progrès s'accomplit. Mais la même puissance mystérieuse qui a imprimé à cette loi le sceau d'airain de sa volonté inflexible, invariable et éternelle, nous a donné la faculté de pénétrer toujours plus avant dans la connaissance de ce qui vient, de ce qui devient. En même temps que cette compréhension, se développe en nous la volonté de donner un corps aux apparitions entrevues dans les profondeurs de notre entendement. C'est ainsi que nous sommes à la fois les dépositaires de la loi d'évolution, et ses exécuteurs ; les messagers de l'ère sans violence, et les artisans de sa réalisation.

Nous nous présentons devant nos semblables, non comme les instruments complaisants d'un pouvoir menaçant, non comme les hérauts bardés de fer de quelque nouveau potentat, mais sous la seule impulsion de notre certitude intime ; et ce que nous portons en nous-mêmes leur appartient également : c'est l'ère nouvelle qui se lève pour le monde civilisé, l'Ère sans violence. Sans vaine exaltation, sans rêves chimériques, mais animés d'un grave enthousiasme pour cet avenir meilleur qui triomphera irrésistiblement de l'imperfection actuelle, nous sommes, nous vivons et nous agissons au service de la sainte loi du progrès. Ainsi, nous serons invincibles dans la lutte pour le nouvel et meilleur ordre de choses, et en vainquant la violence, nous vaincrons la guerre.

Nos biens les plus sacrés[1].

Au banquet qui a suivi la revue de Goerlitz, le roi a prononcé d'importantes paroles :

« En parfait accord avec l'empereur de Russie, il consacre ses efforts à grouper les nations de l'Europe sur le terrain de leurs intérêts communs, pour la défense de nos biens les plus sacrés. »

Quels sont donc nos biens les plus sacrés? — La liberté, et l'indépendance économique de l'individu.

La liberté, en ce sens que l'esprit de l'in-

1. *Versöhnung*, octobre 1896.

dividu doit être libre, et que la Constitution doit assurer à l'action de chacun la latitude la plus illimitée qu'on puisse imaginer. Or, qui d'entre nous, aujourd'hui, peut dire que son esprit est libre? — Personne. Pas même le roi. Nous gémissons encore sous le poids des préjugés, des erreurs, des traditions : en particulier, nous vivons sous la férule de l'autorité, de la crainte et de la nonchalance.

Pour écarter ces obstacles qui nous séparent d'un bien sacré, est-il besoin du secours d'un autre peuple? Le moyen, la capacité de conquérir cette liberté intellectuelle, ne sont-ils pas en nous-mêmes, dans la nation, en chaque individu? — Un « je ne veux plus », bien résolu, et les chaînes sont brisées : un énergique « je veux », et l'on est libre. Notre roi et les autres souverains allemands peuvent contribuer grandement à cet affranchissement. Qu'ils renoncent d'eux-mêmes à l'autoritarisme, qu'ils rejettent hautement et en toute circonstance les préjugés et tous ces fardeaux qui pèsent sur leur propre conscience, et ils faciliteront aux autres la résolution de se libérer de même. Ayons d'abord des princes qui pensent librement, et nous serons bientôt une nation d'hommes indépendants.

Je poursuis. Jouissons-nous, en pays allemands, d'une liberté d'action illimitée? — Nous avons bien la liberté de la pensée, mais réduite à ce qu'il y a d'incontrôlable en elle. Car ce n'est pas une chose sans danger pour nous que de lancer notre pensée dans la mêlée des idées, soit pour y chercher nous-mêmes un enseignement, soit pour y triompher d'opinions de moindre valeur. Sans doute, des précautions sont légitimes contre les procédés de certains braillards. Mais même l'homme de bonne tenue n'est pas maître de ses mouvements ; et l'on peut dire que, plus il lutte loyalement, et plus il a chance de perdre l'indépendance économique que lui assurait jusque-là sa profession. Celui qui a prêté serment au prince ou à l'Etat perd son gagne-pain, du moment où il s'avise qu'il n'est à la solde ni du prince, ni de l'Etat, mais que, fonctionnaire ou non, il est au service de la nation, à laquelle il appartient, et au bien de laquelle il se doit corps et âme. Il manque à notre nation une Constitution qui garantisse à chaque individu son indépendance politique, et cela, même au deshérité de la fortune, à la femme, à l'ignorant.

Mais l'obtention de ce bien sacré n'exige pas davantage la coopération des autres nations. La force, la capacité voulue, la possibilité sont en nous-mêmes : nous n'avons qu'à nous servir intelligemment de notre bulletin de vote, et nous obtiendrons ce qui nous manque. A ce point de vue encore, nos princes peuvent nous aider beaucoup, sans avoir besoin de conclure aucun accord particulier ou « parfait » avec d'autres souverains qui nous touchent de moins près. Leurs prérogatives comprennent des dispositions qui oppriment l'indépendance politique de l'individu ; que, suivant ce cas, ils les en allègent eux-mêmes, ou qu'ils usent de leur initiative pour confier ce soin à la volonté nationale, c'est-à-dire à la loi — et l'œuvre de la libération morale sera bientôt accomplie.

Et cet autre bien sacré, l'indépendance économique de l'individu, nous pouvons et devons également le conquérir par la seule puissance populaire. C'est à nous — et, pour cela, nous n'avons que faire des Espagnols ou des Russes — c'est à nous de reconnaître que le droit à l'existence, à une existence digne d'un homme, résulte du seul fait d'être né. C'est à nous d'imaginer un système économique qui assure à l'individu la possibilité de subsister de son travail, indépendamment du caprice de qui que ce soit : d'un autre individu, de l'Etat, ou du capital. Le développement de l'esprit coopératif, de la colonisation intérieure, de l'émigration et de tous les moyens imaginables qui tendent au même but : telle est la voie qui conduit à ce bien sacré, l'indépendance économique.

Si les princes veulent nous précéder dans cette direction, nous les acclamerons ; mais nous n'avons pas le droit de les attendre davantage. Leur existence, à eux, est assurée ; nous devons nous occuper sans retard d'assurer celle des hommes qui croupissent aujourd'hui dans la misère.

Ainsi, pour le moment, il ne s'agit encore que d'*acquérir*, de conquérir nos biens les plus sacrés. Mais enfin, nous devons reconnaître que, pendant même que l'on combat en vue d'un résultat, il convient déjà de songer au moyen de le conserver plus tard.

Or donc, quand nous les aurons conquis, ces biens les plus sacrés, contre qui aurons-nous à les défendre ?

Contre un ennemi seulement ; et cet ennemi, il vit au milieu de nous. Ces mêmes adversaires du progrès, qui détiennent encore et nous disputent nos biens les plus sacrés, pourront aussi exécuter un retour offensif, qui menacerait notre conquête. Mais j'imagine que, quand l'idée du progrès commencera à se manifester chez nous, elle le fera avec une puissance telle, que ces éléments hostiles seront abattus à tout jamais. La protection de nos biens les plus sacrés consistera donc purement et simplement dans l'organisation même que nous devons donner à notre vie nationale pour les conquérir.

Cet effort exige, à la vérité, une entente et un rapprochement des nations civilisées. Dès maintenant, rien ne menace plus notre développement intérieur ; mais on le tient encore pour menacé, on croit encore à la guerre, et l'on se prépare donc encore à la guerre : *nous n'avons pas encore la paix*, condition essentielle de tout progrès intérieur. Mais nous pourrions l'avoir; sa condition nécessaire — le bon vouloir pacifique des autres nations importantes — est remplie. Il n'y a plus qu'à se convaincre les uns les autres de ce fait ; il ne manque plus qu'une entente des gouvernements, explicite et traduite en actes.

Ce serait un jeu pour l'empereur, que de déterminer cette entente. Il n'existe pas chez nous un homme de bon sens qui puisse mettre en doute la sincérité des vœux pacifiques si souvent formulés par ce prince. Mais ce qui est affligeant, ce qui met tout en suspens, c'est que lui-même ne croit pas à la possibilité de la paix. S'il avait, comme moi, *une foi* vivace, cette foi qui déplace les montagnes, dans l'avènement de l'ère sans violence, il aurait agi depuis longtemps. Les vœux ne suffisent pas ; ils sont impuissants à engendrer des faits ; seule, la foi dans la réalisation de ce qui nous tient à cœur, peut déterminer l'action créatrice, sans laquelle vœux et discours sont sans valeur.

Ce que l'empereur devait faire? — Vingt-quatre heures après que Sa Majesté eut acquis la conviction d'être « en parfait accord » avec l'un de nos voisins, l'empereur de Russie, notre chancelier impérial pouvait être à Paris et y préparer un accord identique. Que personne ne dise que cela soit difficile. Au premier moment, une semblable démarche peut se heurter à des obstacles, mais à des obstacles créés par un simple sentiment d'embarras ; et l'empereur dispose des moyens voulus pour les écarter. Qu'on démantelle Metz et Strasbourg, et les Français seront désarmés ; qu'on fasse de l'Alsace-Lorraine un pays indépendant, et les Français seront tranquillisés. Si seulement l'empereur savait combien il est puissant, et s'il faisait agir sa puissance dans la bonne direction, il deviendrait, non pas seulement pour notre nation, non pas seulement pour notre continent, mais pour l'Humanité entière, ce qu'il aspire tellement à être : le Bienfaiteur !

Tout ne sera pas dit encore, quand on se sera entendu pour en finir avec la guerre ; mais on aura posé de la sorte le fondement de cet autre accord, qui est indispensable à la transformation de notre vie économique : on pourra s'occuper alors d'établir certaines relations entre le travail, le salaire et les valeurs en général, ainsi que de supprimer la protection douanière. Du même coup, on achevera de mettre nos biens les plus sacrés à l'abri de toute menace, ou de toute occasion de menace de la part de nos voisins ou d'autres nations civilisées.

Sans doute, le monde civilisé proprement dit n'est pas seul sur terre : à son côté coexiste une autre puissance. Et même, il est vraisemblable que c'est contre cette dernière que serait dirigé le groupement défensif auquel songe l'empereur.

Evidemment, si l'on redoute cette puissance, il convient de s'armer contre elle. Mais la question préjudicielle est de savoir si cette puissance — nommons-la « race jaune » ou autrement, peu importe — nous menace réellement? si elle menace le monde civilisé? si elle menacera encore la civilisation, quand cette dernière se manifestera, non plus à coups de canon, mais par le respect des droits naturels des autres peuples ; non plus par un christianisme de mauvais aloi, mais par un esprit vraiment religieux ; non plus par l'orgueil, mais par la raison? En tout cas, c'est là une question que l'avenir se chargera de trancher. Au centre de notre continent, nous sommes à l'abri d'une invasion des Chinois ou des nègres ; mais si l'on imagine qu'une telle attaque puisse se produire en un point quelconque, on n'aura qu'à garnir d'un rempart de poitrines les frontières menacées, tant que cette inquiétude subsistera. Il ne serait que juste que notre nation assumât sa part de cette défense ; et cela fournirait provisoirement une situation à ceux qui ne peuvent se représenter l'existence qu'avec un sabre au côté.

Entre temps, les nations civilisées jouiront de leurs biens les plus sacrés, et les emploieront à perfectionner leur organisation intérieure et à améliorer la condition des individus. Dans la mesure même où ces progrès seront réalisés, l'idée civilisatrice poursuivra sa marche victorieuse : tour à tour, de nouveaux peuples viendront renforcer ce premier faisceau déjà civilisé ; et bientôt les plus inquiets d'entre nous finiront par comprendre que, si vraiment l'idée de civilisation a besoin d'une protection, elle la trouvera uniquement, mais très suffisamment, dans le fait même de *sa réalisation*.

Cœurs pacifiques.

(15e « Feuille pour la Jeunesse »[1].)

Apprends à penser avec ton cœur.

Au Congrès de la paix de Hambourg, on s'est naturellement occupé de la jeunesse. Je ne compte point parmi les esprits moroses : je ne vois pas pourquoi nous serions des empêcheurs de danser en rond. Les grandes personnes ont bien aussi leurs mascarades, et il leur arrive, en hiver, de se déguiser en Napoléon ou en vivandière, en Don Quichotte ou en noble dame du moyen-âge ; pourquoi donc les enfants ne « joueraient-ils » pas aux soldats? Il arrive

1. *Versöhnung*, septembre 1897.

qu'on s'y chamaille vigoureusement ; mais cela n'a pas d'inconvénient, du moment qu'on se rend compte que c'est « pour rire », que c'est quelque chose comme une représentation du *Camp de Wallenstein* ou du *Prince de Hesse-Hombourg*. Ces récréations sont en outre plus saines que les sempiternelles représentations de pièces de théâtre.

Donc, en ce qui concerne les jeux et le mouvement, je suis toujours du côté de la jeunesse ; sur ce point, nous ne nous en laisserons pas conter par les gens grognons. Mais, pour la peine, il faut que la jeunesse me vienne en aide, quand il s'agit des *cœurs;* des cœurs de la jeunesse, et aussi de ceux des adultes.

Il nous faut des cœurs pacifiques. — Quant à ce que cela peut bien être, un cœur pacifique, je vous le dirai en vers :

La pierre la plus précieuse est celle qui entaille
Toutes les autres, et ne se laisse entamer par aucune.
Mais le cœur le meilleur est celui qui souffrirait
Volontiers toute douleur, plutôt que d'en blesser un autre.
Voilà de quels cœurs nous avons besoin.

Or, si nous voulons avoir devant notre maison ou dans notre parc un joli gazon anglais, nous ne pouvons pas l'acheter tout fait, nous ne l'obtenons que par un travail et des soins de plusieurs années ; et il en coûte plus, et bien plus, qu'on ne l'imagine à la vue d'une semblable pelouse achevée.

Il en est de même des cœurs pacifiques. Pour les obtenir, il faut se donner plus de peine que nous ne l'imaginons, même quand la paix nous tient fortement à cœur. Au reste, il ne suffit pas que la paix nous tienne à cœur : il faut qu'elle vive *dans* notre cœur, qu'elle gouverne tous nos faits et gestes, à tout instant et absolument. Quand nous en serons là, on dira de nous : « Ils sont des tisserands au métier de l'éternité, et ce qu'ils tissent, c'est l'ère sans violence. » — Mais avec de la laine, on ne saurait tisser un vêtement de soie. J'entends par là : si, à chacune de nos pensées et de nos actions, nous ne respectons et ne ménageons pas les droits et les sentiments de nos semblables, l'esprit pacifique ne pénétrera pas nos cœurs, ne conquerra point les peuples.

Peut-être vous êtes-vous déjà demandé si c'est vraiment préparer la paix avec les Français, que de fêter bruyamment les anniversaires des victoires que nous avons remportées sur eux? Supposez qu'un beau jour, dans un coin de la forêt, Fritz ait pu jeter Charles par terre, et lui administrer une rossée; puis, qu'ils se soient donné la main. Serait-il gentil à Fritz de dire à Charles, chaque fois qu'il leur arrive de passer par le même endroit: « Dis donc, voilà l'endroit où, l'autre jour, tu as reçu la pile! » — Croit-on que ce serait le moyen de redevenir bons amis? Que nous nous réjouissions de l'issue de notre dernière guerre contre la France, rien de plus légitime; mais nous ne devons pas mener à ce sujet un tapage tel, que les Français l'entendent et en soient marris jusques aux Pyrénées. C'est là une chose que vous comprendrez bien ; un grand nombre de vos professeurs l'ont comprise déjà, et ne se font plus aucun plaisir de fêter la Saint-Sedan, comme on l'a fait jusqu'ici.

Mais il faut vous rendre compte de quelque chose de plus. Il faut comprendre que celui qui possède une certaine aisance, doit en user sans fracas, avec ménagements, de manière à ne pas rappeler constamment leur infériorité à ceux qui possèdent moins de bien-être, ou sont même dans la misère. C'est là un devoir tout particulier à l'égard de ceux qui vivent dans le même pays, la même ville, la même maison, à l'égard de tous ceux avec qui l'on est en rapports journaliers. Sans doute, ceux-là ne doivent pas être jaloux ; celui qui possède assez ne doit pas s'irriter de ce qu'un autre possède davantage. Mais est-ce la faute du misérable, si la question lui vient spontanément à l'esprit, de savoir si cette grande inégalité des conditions est vraiment et perpétuellement *nécessaire?* Cendrillon remarquait bien qu'elle était maltraitée, et je n'imagine pas qu'on puisse lui en faire un reproche.

Oui, on exige beaucoup d'un cœur pacifique ! Si vous voulez, mes jeunes amis, remplir ces conditions, il faut dès maintenant accorder vos cœurs à ce diapason : ne faire souffrir personne. Toute discorde sur terre a pour origine un tort qu'un homme a fait à un autre. Ce dernier réagit ; et de là, la colère, les querelles, l'antagonisme, l'hostilité, la guerre. De là, les corps de poing échangés — à la vérité, sans grand mal — entre écoliers, les détestables discordes entre frères, la lutte sans pitié entre le capital et le travail, enfin les guerres. Tout cela se tient, car il n'y a là qu'une seule et même cause, un défaut de notre cœur. Dans le principe, une simple inattention : nous ne remarquions pas que nous blessions le voisin. Mais, insensiblement, ce défaut d'attention développe les instincts dangereux qui viennent étouffer les germes fragiles du cœur pacifique.

On s'est également occupé, au Congrès, de la correspondance instituée depuis quelque temps entre enfants — garçons ou filles — de pays différents. C'est là une bonne idée, qui contribuera certainement à apaiser les haines artificielles entre nations. Car il ne faut pas vous imaginer que les Russes ou les Français soient réellement comme nous les dépeignent nos journaux, ou comme on pourrait se les représenter à la lecture de leurs propres journaux. Le véritable Français est un tout autre homme que le « Français des journalistes ». Il suffit, pour s'en convaincre, d'être en relations personnelles avec des Français; et c'est à quoi sert la correspondance en question. De même, le Russe nourrit exactement les mêmes sentiments bons et délicats que l'Allemand et le Français. Certes, Schiller a raison de dire : « Même le meilleur des hommes ne peut vivre en paix, si son méchant voisin ne le veut pas ». — Mais d'où savons-nous que notre voisin est méchant, et qu'il ne veut pas nous laisser en paix? Par les journaux. Interrogez donc plutôt directement les Russes, et les Anglais, et les Français. Envoyez-moi des lettres ; je me charge de les transmettre et d'y faire répondre. Et puis, qui nous dit que nous soyons vraiment « les meilleurs des hommes » ? Entreprenons donc notre examen de conscience; observons si, en tout et partout, notre conduite ne donne à personne aucun motif d'irritation contre nous ou à propos de nous, s'il ne nous arrive pas d'éveiller en autrui le souvenir de ses douleurs ou de ses chagrins.

Je me suis concerté à Hambourg avec un Russe d'Odessa et un Français (ancien officier, comme moi), qui exerceront une action analogue sur la jeunesse de leurs pays. Les grandes personnes y trouveront d'ailleurs aussi leur profit : *docendo discimus* — en enseignant, on s'instruit.

Qui parle aux autres du cœur pacifique, agit sur son propre cœur. Et nous avons tous besoin de le faire, les grands comme les petits. La plus belle pelouse, semée depuis des dizaines d'années, se dégrade par endroits, si on ne lui prodigue les soins. De même, le cœur pacifique le plus éprouvé doit s'observer consciencieusement ; sinon, quelque détestable sentiment de haine finira par s'insinuer en lui.

Notes sur quatre conférences faites à Berlin, à l'occasion du message du tsar [1].

Le 29 août, à la première heure, une main amie déposait sur ma table le manifeste du tsar, en guise de présent pour ma fête. Aussitôt le document parcouru, la puissante impression qu'il avait produite en moi, se traduisit par ces deux pensées : « Dommage que notre empereur et roi n'en soit pas l'auteur !... En parler le plus prochainement possible devant un public nombreux. »

1. *Versöhnung*, octobre 1898.

Ce n'est pas que je songe à marchander à l'empereur de Russie une gloire par laquelle il a déjà conquis l'immortalité. Mais, étant donné le caractère de notre roi, on pouvait prévoir que ce dernier ne soutiendrait pas l'initiative d'un autre avec autant d'énergie qu'il l'aurait fait pour une idée émanée de lui-même. Et les discours prononcés depuis lors aux grandes manœuvres ont justifié ces craintes.

Le dimanche suivant, 4 septembre, dans l'après-midi, je parlai sur le message du tsar, au Konzerthaus. Salle comble. De divers côtés, on fit la remarque que l'aspect général du public était autre qu'à mes réunions ordinaires de Berlin. L'attitude était recueillie, comme on pouvait l'attendre d'un public dominical, réuni pour un objet aussi important ; ce fut une heure édifiante. Je commençai : « La semaine qui débuta pour nous tous d'une manière si grandiose, ne pouvait se terminer sans... »

Pour bien pénétrer mon auditoire de toute l'importance de cet. événement, je citai les passages essentiels du message: prononcées avec conviction et avec énergie devant une foule attentive, ces paroles sont toute autre chose que lues dans un journal qui se croit encore obligé de les commenter une à une. Le journal *Das Volk* écrivait à ce propos fort justement, mais avec cette malveillance de bigot qu'il ne manque jamais d'employer quand il parle de moi: « Il détaillait ces phrases comme des versets de la Bible ». — Je le veux bien ; et même je pris texte de cette comparaison dans ma conférence suivante: « Mais oui. Je n'aurais rien à objecter à ce que nous fissions relier le message à la suite de nos Bibles familiales ; il constitue en quelque sorte une révélation, certainement plus compréhensible que celle de Saint-Jean. »

Tous les passages en sont importants. Mais le plus important est bien celui-ci: la Conférence « cimenterait leurs accords (des

Etats) par une consécration solidaire des principes d'équité et le droit sur lesquels reposent la sécurité des Etats et le bien-être des peuples ». Cette phrase nous est garante que le tsar se rend compte des nécessités que comporte l'ère sans violence : il comprend quel lien existe entre l'idée de paix et la transformation indispensable de toutes nos conditions d'existence.

Que veut le tsar ? Il nous le dit lui-même : « Assurer à tous les peuples les bienfaits d'une paix réelle et durable. » Les autres aussi veulent maintenir la paix ; ils prétendent, du moins, qu'ils le veulent. Mais par quels moyens ? — Le tsar veut nous procurer les bienfaits de la paix : il tire les conséquences de l'idée pacifique, et aboutit à une méthode nouvelle, la méthode directe : *Si* VIS *pacem*, PARA *pacem* — si tu veux (réellement) la paix, prépare-la, c'est-à-dire règle tes faits et gestes en vue de sa réalisation [1].

1. Puisqu'il est question ici des voies et moyens, je rappel-

Comment le tsar en est-il venu là? Sans aucun doute, son cœur et son intelligence sont ouverts aux aspirations des hommes qui représentent le niveau supérieur de la civilisation moderne. Quiconque doute de la sincérité de ces tendances, ne sait pas que le perfectionnement est un besoin de l'homme, n'a pas idée de ce qui se passe dans une âme éprise de progrès.

On demande par qui il fut conseillé: avant tout par son épouse, par l'impératrice, par une femme allemande. C'est là une haute satisfaction non seulement pour nos femmes, mais pour nous tous: l'épouse, la compagne fidèle et sacrée, a coopéré à l'œuvre entreprise pour le bien général.

Comment a-t-on accueilli l'acte du tsar? Pour répondre à cette question, il aurait fallu compulser un monceau de documents, une semaine entière d'élucubrations variées

lerai la devise de la Ligue internationale de la Paix et de la Liberté : *Si vis pacem, para libertatem et justitiam.* (N. du trad.).

dans tous les journaux : « Savoir si le tsar est de bonne foi... Ruse diplomatique... Sainte-Alliance... Prétexte pour comprimer les peuples à l'intérieur... » — Rien de tout cela n'est exact. C'est faire le plus grand tort au tsar et à la sainte idée du progrès, pour laquelle il travaille, que de mettre en doute ses intentions sincères et désintéressées : aucune arrière-pensée n'en trouble la pureté. Il pense exactement ce qu'il nous a dit.

On objecte aussi : « Ce n'est pas le moment... Que la Russie commence... 1,500 millions accordés pour la flotte... Partout des concentrations de troupes... La peur d'être entraîné dans une guerre avant l'achèment du chemin de fer transsibérien... » — Non ; il faut pourtant faire crédit au tsar. Nous verrons bien s'il est disposé à mettre ses promesses à exécution, et dans quelle mesure. Pour le moment, la parole est *aux autres*.

Puis, on a ricané, on a parlé d'utopie ;

des journaux qui se donnent pour les représentants de la religion et du christianisme ont tourné en dérision la sainte parole sans laquelle le christianisme entier est vide de sens, « ainsi la paix régnera vraiment sur terre; ainsi les hommes goûteront réellement le bonheur ». — Je n'ai pas manqué à leur répondre.

On nous a produit aussi le conte bleu du travail productif que nous vaudrait la préparation à la guerre ; j'en ai fait justice avec quelque exemples frappants. Naturellement, on a fait intervenir les morts : Moltke, Treitschke, même Proudhon et surtout Bismarck. Eh, si l'on fait parler les morts, pourquoi ne pas évoquer Guillaume Ier, le prince fidèle au devoir ? Pourquoi ne pas interroger, toujours et d'abord, le Christ ? Que dirait aujourd'hui un nouveau Jésus du message du tsar?

Il y a aussi la France. Eh bien, je ne crois pas au « patriotisme de presse » des Français. Derrière ce vacarme d'une petite minorité se trouve la grande masse des Français de bon sens. Quant à l'Alsace-Lorraine — refuserions-nous d'étendre aux relations internationales la notion de l'indépendance, la reconnaissance de la personnalité, qui se sont imposées au monde civilisé ? La Crète aux Crétois ; Cuba aux Cubains ; et pourquoi donc pas l'*Alsace Lorraine aux Alsaciens-Lorrains ?*

Après quelques considérations sur la manière dont pourront s'opérer les transformations imminentes, j'en vins à cette question ; qu'avons-nous à attendre de la Conférence ? C'est selon qui s'y rendra. Malheureusement, les princes ne siègeront pas en personne : nous n'en sommes pas encore là. Ce sont des diplomates qui se réuniront, pourvus par leurs gouvernements d'instructions méticuleuses, mais non dirigés par la volonté nationale ; il est très possible que le résultat de la Conférence soit médiocre. Il ne faut pas nous en irriter. Seulement, c'est à la volonté populaire de se manifester avec d'autant plus d'énergie. Le tsar a fait son devoir; à nous, maintenant, de faire le nôtre ; à nous tous, à chacun de nous. Il ne suffit pas d'être « amis de la paix » ; il faut avoir foi en la paix ; il faut préparer notre âme à l'ère nouvelle. Le Messie va naître : c'est l'époque de l'Avent. Il nous faut des cœurs pacifiques. Les cœurs pacifiques ne sont pas des cœurs faibles ; ce sont des cœurs énergiques ; des cœurs qui aiment le bien, et qui puisent dans cet amour assez de vigueur pour assurer la victoire de leur idéal.

Des acclamations enthousiastes témoignèrent que les auditeurs étaient disposés à répandre dorénavant, dans cet esprit, l'idée pacifique. Des télégrammes de Detmold, Dusseldorf, Elberfeld, Hambourg, Cologne, Munich, arrivés pendant la conférence, avaient apporté à notre manifestation berlinoise l'assurance de sympathies ardentes.

*
* *

On avait accueilli avec une visible satisfaction l'annonce, faite dans ma conclusion, que le dimanche suivant je parlerais, au même endroit, sur notre préparation à la paix, notre éducation en vue de l'ère sans violence.

Le 11 septembre, je retrouvai donc une salle comble ; l'auditoire était en grande partie le même. J'avais déjà traité cette question au dehors[1], mais non encore à Berlin : ma pensée était surexcitée par l'actualité du sujet. La sottise des uns, la tiédeur des autres, la lassitude indifférente de tant de gens, toute cette misère morale qui s'était encore manifestée dans le cours de la semaine, accroissaient l'énergie de ma parole. En particulier, j'étais amené à insister plus que jamais sur cette idée : « Le secret de toute éducation con-

1. Voir plus haut *L'ère sans violence* (N. du trad.).

siste à donner l'exemple ». Chacun, dans la nation, peut et doit être un exemple pour ses voisins. Mais il y a, dans la vie publique, certaines fonctions d'où pourraient émaner des exemples particulièrement puissants et efficaces : la presse, la représentation nationale, la chaire, le trône. On sait combien peu nos journaux font leur devoir dans ce sens, à de rares exceptions près. Ni par leur contenu, ni par leur ton, ils n'agissent dans le véritable sens des mots exemple, éducation. Peu d'entre eux, d'ailleurs, ont conscience de ce devoir qui leur incombe ; on ne se doute guère, dans les salles de rédaction, de la nécessité d'éduquer la nation en vue de l'ère sans violence. L'attitude d'un grand nombre de journaux à l'égard du message du tsar a été vraiment déplorable ; et surtout celle de ces organes qui, avant d'émettre une opinion ferme, ont soin de s'assurer de ce qu'on pense en haut lieu (voir le *Simplicissimus*, n° 21, p. 168). Les feuilles qui méritent les reproches les plus sévères sont celles comme la *Hilfe*, journal national-social, qui professe toujours des principes chrétiens, mais plaisante le message sur un ton spirituel et badin (entendons-nous : en parlant, j'ai employé des expressions beaucoup plus énergiques !). Deux individus, peuvent agir de même, sans que cela revienne au même ; plus un homme est éminent, plus nous sommes en droit d'être exigeants à son égard ; et j'attends beaucoup, ou du moins j'attendais beaucoup jusqu'ici du pasteur Naumann.

Comme il était à prévoir, mon mot « l'Alsace-Lorraine aux Alsaciens-Lorrains » avait mis quelques journaux hors d'eux : les natures faibles, irritables, surexcitées sont les plus faciles à troubler ! Le fait qu'une parole aussi grave, toute nouvelle pour la grande majorité des assistants, n'a pas été accueillie, dans une réunion sérieuse, par une acclamation enthousiaste, avait conduit à des conclusions tout à fait erronées un journaliste qui fournit de la copie à quantité d'organes de Berlin et de la province. Or, je n'avais nullement posé là une condition, une nécessité impérieuse; je n'avais fait que répondre aux questions empressées de ces prétendus — Amis de la Paix, qui aimeraient tant à désarmer, *si*... Il se peut que les choses suivent un autre cours ; mais les hommes devraient perdre l'habitude de voir un crime dans toute pensée qui, au premier moment, semble étrangère à leur idéal particulier. Un officier bavarois ou prussien qui aurait proposé, il y a trente ans, de porter une cocarde allemande à côté de la cocarde de son pays, aurait été traduit devant un tribunal d'honneur ; et aujourd'hui ?

Tout aussi peu dignes d'éloges sont nos députés, au point de vue de l'éducation par l'exemple ou de l'action pacificatrice. Et malheureusement la chaire continue également à ne pas nous faire entendre, sous ce rapport, la bonne parole. On chante « Gloire à Dieu dans les cieux, paix sur terre », on loue en Jésus le « Prince de la Paix », mais un message de paix qui n'a pas été visé et paraphé par l'autorité constituée, n'a aucune signification pour un ecclésiastique correct. Triste ! Il était pourtant indiqué, pour les évêques dans leurs diocèses, et les autres autorités religieuses dans leurs circonscriptions, de tirer du message une lettre pastorale ou un texte de prédication ; nous n'avons rien vu de tel.

Et le roi ? — Le roi a le droit de penser et de croire, aussi bien que tout autre dans la nation. Rien d'étonnant à ce qu'il n'ait pu s'élever encore, comme d'autres l'ont fait, à la foi en une ère sans violence. Lors même qu'il en serait plus voisin que les apparences ne l'indiquent, la lourde responsabilité qui lui incombe l'obligerait à surseoir aux vastes projets, jusqu'au moment où les nations voisines se seront montrées disposées à prendre des mesures correspondantes, et où la foi pacifique se sera fortifiée dans notre nation même ; ce sont là deux progrès inséparables. Et il va de soi que le roi ne pourra contribuer ainsi à renforcer la foi en la paix, que quand il en aura été pénétré lui-même. Mais à l'occasion des dernières manœuvres il a parlé, comme pour répondre au tsar — bien des gens, du moins, l'ont entendu ainsi ; et sa parole a retardé le développement de cette foi radieuse, que le message du tsar avait fait germer dans des milliers de cœurs ; cela est déplorable. Où donc était l'épouse, qui aurait dû le conseiller ? Quel effet n'aurait-elle pas produit sur lui, et par lui sur la nation entière, si elle lui avait dit, d'une voix douce et persuasive : « Même si tu ne peux croire encore, ne touche pas à la foi naissante des autres. Ne donne pas à des milliers d'hommes un prétexte pour combattre ou calomnier, publiquement ou en secret, la croyance au progrès, qui procède d'une tendance profondément religieuse.,. »

Néanmoins, nous devons attendre avec confiance : quand le moment sera venu, le roi agira. Son voyage en Palestine ne sera pas sans fruits pour le bonheur de notre peuple. A ce pieux monarque, la Terre-Sainte redira la parole pacifique du Christ. — Et je terminai sur ces paroles : « Qu'il soit, à son départ, un puissant chef d'armée ; qu'il soit, là-bas, le chef suprême de son Eglise royale ; mais puisse-t-il être, à son retour, notre éducateur pour la paix ! »

L'attention profonde avec laquelle l'assemblée avait écouté ces derniers développements fit place à des acclamations bruyantes et sans fin. Tous étaient en esprit auprès du roi. Si la pensée fervente a quelque pouvoir, il ne se passera plus longtemps avant que lui aussi travaille à « préparer » la paix.

*
* *

Le 15 septembre, je traitai le même

sujet devant la *Société des Femmes de Berlin (Berliner Frauenverein)*; j'avais pris pour titre : le désarmement.

Je considère précisément que les femmes doivent exercer une action capitale dans la conquête de la paix, en se pénétrant elles-mêmes de l'esprit de désarmement, en en secondant énergiquement la diffusion. Chaque femme capable de penser comprendra d'elle-même combien elle peut aider à cette agitation, qu'elle soit jeune ou vieille, mariée ou fille, avec ou sans profession, qu'elle vive retirée ou qu'elle prenne part à la vie publique.

L'assistance était peu nombreuse, mais me parut attentive. Quant à la question de savoir si toutes ont tiré profit de mes paroles, si même elles en étaient capables, je ne saurais me prononcer : il me fut impossible de me faire à ce sujet une opinion formelle. Quelques-uns de mes amis, qui assistaient à la réunion, partagèrent cette impression. Ils estimèrent qu'après avoir traité le sujet à fond, deux dimanches de suite, dans de grandes réunions publiques, j'avais eu tort de le reprendre dans ce cercle restreint : « Si vraiment ces femmes s'intéressaient aux aspirations pacifiques et les comprenaient, elles n'avaient qu'à venir au Konzerthaus ». Je ne suis pas de cet avis. Certainement, j'aime mieux parler devant M. Tout-le-Monde, toutes portes ouvertes ; mais il arrive aussi qu'il soit utile et qu'il vaille la peine de s'adresser à un petit groupe de personnes ayant une tendance commune. La discussion qui suit la conférence peut, en pareil cas, être plus approfondie, plus vivante et plus intime que dans une grande salle, devant beaucoup de centaines d'assistants. Sous certaines conditions préliminaires, qu'il n'est pas difficile de réaliser, une soirée de ce genre peut être d'un grand intérêt, pour l'orateur autant que pour le public.

* * *

Le 21 septembre, la discussion fut un peu plus animée. Je parlais dans un cercle de quartier, dans une belle salle bien remplie. Le sujet était le même, la matière autrement ordonnée : j'avais condensé en une seule séance les deux questions du message du tsar et de l'éducation pour l'ère sans violence.

Un des assistants fit des objections très dignes d'attention : « Si, dans notre action tendant à améliorer l'état de choses actuel, nous nous heurtons au développement et au progrès analogues de nations ennemies, comment pourrons-nous conserver notre ardeur au progrès? » — Elle se maintiendra si nous prenons conscience de la puissance invincible qui réside *dans l'Idée même* que nous représentons. Chacun de nous, isolément, n'est que le dépositaire de l'Idée. Déjà l'énergie avec laquelle agit un tel dépositaire, procède de la puissance inhérente à cette Idée. Nous devons et nous pouvons nous fier à cette puissance ; nous confirmerons ainsi notre confiance dans le succès, et nous maintiendrons et accroîtrons notre ardeur pour l'action.

Mon interlocuteur n'avait pas manqué de citer le mot bien connu sur « le méchant voisin, qui ne veut pas ». — Rien de tout cela n'est prouvé. Il n'est pas prouvé que le voisin soit méchant ; il n'est pas prouvé que nous soyons meilleurs que lui ; il n'est pas prouvé qu'il ne veuille pas ce que nous voulons, surtout si nous le voulons *sérieusement*.

On demandait en outre que le tsar prît les devants, lui qui a tant à faire dans son propre domaine. — Sans doute, c'est là un souhait parfaitement légitime; mais pour nous, pour l'assistance, pour l'orateur, pour moi, la question est de savoir, non pas ce que le tsar a à faire, mais bien ce que nous, *nous-mêmes*, chacun d'entre nous peut et doit faire. Il n'y a d'ailleurs aucune raison de supposer que le tsar ne donnera pas corps, dans son propre pays, aux idées qui lui ont dicté son message.

Enfin mon interlocuteur exprimait le désir que les aspirations pacifiques fussent vivement encouragées en haut lieu; et il demandait à ce propos comment l'individu isolé pouvait mettre en action sa volonté et son zèle, en présence de la résistance que manifestent les puissants? — Cette résistance est moins grande, et surtout moins difficile à surmonter, que l'orateur semble le croire. Elle se donne seulement l'apparence d'être forte; et cela se comprend, car les hommes qui ont charge de la sûreté extérieure du pays, particulièrement l'empereur et roi, n'ont aucune raison, et même aucun droit de travailler à la réalisation de la paix dans le sens absolu du mot, tant que le peuple persiste à se faire représenter par des hommes qui croient fermement à l'idée guerrière, qui vont jusqu'à l'aimer — en s'en cachant, il est vrai. Aussi la véritable réponse à la question qu'on me posait en dernier lieu est-elle : faire en sorte que le peuple choisisse mieux ses représentants.

L'émancipation des classes supérieures[1].

On peut considérer comme accomplie l'émancipation de ce qu'on nomme le quatrième état : les hommes qui étaient à l'état de dépendance économique se sont éveillés au sentiment de l'indépendance. S'ils n'ont pas encore obtenu ce qu'ils demandent, du moins sont-ils animés, pour atteindre leur but, d'une résolution que rien n'arrêtera plus désormais. Il est vrai que la masse de nos travailleurs est encore imbue d'une décevante doctrine de parti ; mais déjà des milliers

1. *Versöhnung*, novembre 1898.

d'entre eux tournent les yeux vers la bonne voie, celle de l'association. Il ne s'écoulera plus qu'un court espace de temps avant que le monde du travail, tout en contenant encore des hommes plus ou moins avantagés, ne connaisse plus de quatrième état ; fût-ce pour cette seule raison, qu'on ne pourra plus y discerner ni premier, ni second, ni tiers état.

Et pareillement, le quatrième état disparaît du domaine intellectuel. Sans doute la science, et la culture dont nous jouissons grâce à elle, ne sont pas encore devenues le patrimoine commun de ceux qui constituaient jusqu'ici le quatrième état ; sans doute aussi, les institutions destinées à répandre et à appliquer cette culture ne sont pas encore imprégnées de l'esprit qu'il faudrait pour favoriser l'émancipation du quatrième état ; mais il est incontestable que ce dernier est animé d'une vive et saine ardeur de savoir, et que ce sentiment, encouragé par les meilleurs de la nation, provoquera de ce côté, dans l'avenir le plus prochain, une transformation générale.

De même, l'émancipation de la femme a fait, durant ces dernières années, de tels progrès, que nous pouvons en considérer la réalisation comme assurée. Devenant indépendante de la situation matérielle des hommes qui représentent sa famille — époux, père, frères — la femme s'est éveillée à la conscience de son droit de disposer d'elle-même. Soutenue par les hommes véritablement cultivés, elle obtiendra bientôt que ce droit lui soit reconnu sans arrière-pensée par la société (c'est-à-dire par l'Etat et le monde).

Ainsi donc, ceux que l'on considérait jusqu'ici comme formant le quatrième état, et avec eux la femme, sont en train de conquérir le droit de cité. D'une part l'idée païenne de caste et de classe, de l'autre la vieille idée biblique de domination (« Et ta volonté sera subordonnée à ton époux, et il sera ton maître »), disparaîtront à tout jamais de notre conscience, de nos lois, de notre vie sociale. Et il va de soi qu'elles s'effaceront aussi, dans un laps de temps plus ou moins long, de la conscience des autres nations.

Mais on n'aura pas accompli par-là l'émancipation générale, la libération intime de la nation entière, le 1813 de nos consciences. Pour le moment, les cercles qualifiés de « classes supérieures » s'attardent dans une dépendance effrayante, on peut dire : servile. Il faut que ces classes soient délivrées ; plus justement, il faut qu'elles s'émancipent elles-mêmes, si elles ne veulent un jour se faire horreur à elles-mêmes (car elles finiront bien par prendre conscience de leur état), si elles ne veulent attirer sur elles cette malédiction d'avoir été, pour la nation dont elles font partie, un obstacle sur la voie du progrès. Des liens, des chaînes sans nombre pèsent encore sur tous les mouvements de ces hommes. Ils en sont opprimés, écrasés au point de ne pouvoir faire un pas en avant, incapables de tout progrès moral ou intellectuel.

Avant tout, il faut que ces cercles, hommes et femmes, renoncent à leur tendance à la soumission, qui est indigne d'esprits libres, à leur besoin de servitude. Eux précisément, qui se considèrent comme nobles, et que des souvenirs historiques autorisent à le faire, ils sont au plus bas de l'échelle en ce qui concerne la notion de la dignité humaine en général, et le souci de cette dignité pour eux-mêmes.

Et le plus triste est que d'ordinaire cette soumission est purement extérieure, procédant en partie de déclamations coutumières, et en partie de la crainte de subir un préjudice. Dans leur for intérieur, et même à haute voix, à très haute voix quand ils sont dans l'intimité, ces nobles se révoltent, sans craindre d'employer contre les personnes et les institutions des expressions dont la violence n'est pas dépassée chez ce qu'on appelle la lie de la population. Et ils n'ont pas su comprendre encore qu'ils sont eux-mêmes responsables de leur abaissement, qu'ils en sont seuls responsables, qu'ils se sont vendus, qu'ils ont vendu et qu'ils prostituent encore leur conscience de la manière la plus impardonnable, et souvent pour un prix dérisoire ; ils ne le comprennent pas, car ils auraient horreur d'eux-mêmes.

Plus lamentable encore est la conduite de ceux qui, sans être « nés », ont été récemment admis dans ce milieu spécial. Un des phénomènes les plus tristes de notre vie sociale est le parvenu enrichi à qui sa fortune a valu des titres et des dignités, la considération de ses concitoyens, et des relations — plus soigneusement cultivées, à la vérité, d'un côté que de l'autre — avec les nobles d'ancienne date. Ces gens rivalisent d'empressement avec les chambellans les plus experts, avec les conseillers ministériels les mieux dressés, pour donner les preuves de servilité les plus visibles et les plus bruyantes ; ils deviennent avec bonheur des valets quand il s'agit de donner des marques de dévouement au gouvernement, aux institutions et au roy (par un *y*) ; ils n'épargnent ni peines ni dépenses, quand on daigne leur faire savoir qu'il leur est permis de donner des gages de leurs sentiments, par leur vote, par des fondations, par des adresses d'indignation ou par des fêtes au champagne. Le malheur est que l'esprit de servitude pénètre jusqu'aux moelles ces nobles de fraîche date, si peu de temps qu'ils aient eu pour s'en imprégner ; si bien que, descendant parfois directement de loyaux soldats de la liberté, ils ont accepté la religion de la violence, ils recourent sans aucun scrupule à la protection de la violence pour eux-mêmes et pour leurs intérêts. Plein de bienveillance pour eux, fier de posséder des sujets aussi bien pensants, l'Etat s'empresse à les obliger : aussi bien n'a-t-il à redouter de leur part aucune manifestation déplacée, lors même qu'il se livrerait aux empiètements les plus coupables. Aussi les « sujets » de cette catégorie ne manquent-ils pas de se comporter en seigneurs « nés », chaque fois qu'ils ont l'avantage de la fortune, chaque fois qu'ils peuvent écraser celui qui dépend d'eux pour son pain quotidien, le faible sans défense. Ces hommes sont une honte de notre époque : à la fois esclaves, et oppresseurs.

Emancipez-vous, nobles de vieille roche ; peut-être alors s'émanciperont aussi les nobles de fraîche date, puisqu'ils vous imitent en tout. Emancipez d'abord vos consciences. Mais cessez ensuite de faire parade d'assujetissement, cessez d'avoir aux lèvres une soumission qui n'est pas dans vos cœurs. Vous ne vous sentez pas des « sujets » : pourquoi vous époumonner en protestations d'humilité? Vous repoussez l'idée d'une « grâce » supérieure, vous dites n'en avoir pas besoin ; pourquoi persister à tromper les princes sur la nature des rapports qui existent entre eux et vous? Pourquoi parler de grâce, alors que les princes ne peuvent faire que leur devoir, alors que les plus éclairés d'entre eux ne prétendent pas faire autre chose que leur devoir? Vous qui servez encore de modèles à vos concitoyens lors même qu'ils s'en défendent — et vous devriez trouver là votre satisfaction intime et un encouragement à penser par vous-mêmes; vous qui avez encore dans le sang la notion du *primus inter pares*, il faut vous *re-émanciper*, vous *re-délivrer* : vos pères, vos aïeux étaient des hommes libres. Des milliers d'hommes attendent que vous donniez l'exemple. Bien volontiers et sans tarder, les princes dépouilleraient l'attirail de la domination, auquel ils n'ont depuis longtemps plus droit; ils renonceraient de bon cœur à ce « bon plaisir » qui répugne à leur propre qualité d'hommes. Certainement, tant que vous les supplierez de permettre que vous vous considériez comme les très humbles et très obéissants valets de leurs Altesses, ils vous accorderont cette faveur. Peut-être même en est-il plus d'un qui n'en est pas fâché. Aussi longtemps que vous regarderez comme témoignages de faveur les actes que les princes eux-mêmes considèrent comme l'accomplissement tout naturel de leur devoir, ils vous feront le plaisir de se mouvoir au milieu de vous, leurs égaux, comme des apparitions lumineuses, dispensatrices de grâces.

Pour nuisible que soit cette servitude dans laquelle vivent les classes supérieures, encore n'est-elle souvent qu'une affectation inconsciente ; plus impérieuse encore est la nécessité d'émanciper les âmes de l'idolâtrie du passé. Ne pas confondre idolâtrie et respect. C'est un véritable besoin pour l'homme aux sentiments affinés, que de comprendre les hommes et les choses du passé, de leur vouer un souvenir sympathique et reconnaissant : ces souvenirs ennoblissent notre âme, quand nous savons apprécier les choses et les gens d'après les idées de leur époque, et que, tout en rendant ainsi pleine justice à nos prédécesseurs, nous nous gardons d'oublier notre devoir de travailler sans relâche à de nouveaux progrès. Mais, si, au lieu de cela, nous élevons en nous-mêmes un autel au passé, si nous y sacrifions aveuglément et sottement, par paresse d'esprit et par égoïsme, à l'idole de la tradition — peu importe au nom de quelle chose ou de quelle personne — nous péchons contre l'esprit sacré de la science, en abdiquant la puissance d'entendement qui est en nous ; nous péchons contre nous-mêmes, en négligeant de nous perfectionner ; nous péchons contre nos semblables, en mettant obstacle au progrès général. L'homme cultivé remplace l'autorité du passé par la connaissance qu'il a conquise de haute lutte : est-ce donc que les hommes des classes supérieures veulent qu'on ne les compte pas parmi les gens cultivés ?

« Ce que tu as hérité de tes pères, gagne-le, pour le posséder » ; or donc, si, dans nos efforts pour gagner ce que nous avons hérité, nous nous heurtons à une résistance intime, si notre raison ou notre conscience, si notre sentiment plus élevé de la justice ou notre bon sens entre en conflit avec nos conceptions traditionnelles, c'est à ces idées innées — ou plutôt, imprimées par l'éducation — de céder la place à celles que nous avons acquises de nous-mêmes. Dans le domaine de l'esprit, ce qui naît a le pas sur ce qui meurt.

On peut en dire autant de l'innombrable séquelle que traîne après lui le culte du passé, de ces idées erronées, de ces préjugés sous l'empire desquels se trouvent les classes supérieures. A la vérité, les autres classes en subissent aussi, dans une large mesure, l'influence ; mais, dans cet ordre d'idées, ce sont les hautes classes qui ont le plus besoin de s'émanciper. Dans ces milieux, il existe des hommes qui ne sont littéralement qu'un composé de traditions et de préjugés. Ils se nourrissent et vivent de la pensée des anciens, de théories et d'idées éventées, hors d'usage, et qu'ils acceptent sans examen. Ils s'en contentent par modestie intellectuelle ; ils sont trop discrets pour se permettre de juger par eux-mêmes ; aussi bien ne leur a-t-on pas enseigné à le faire. C'est triste. Comment s'étonner de rencontrer des préjugés ridicules et des idées déplorables dans la masse du peuple, quand ceux qui passent pour mener une existence supérieure ne s'affranchissent pas de ces liens ? L'idée que la coercition soit seule capable de maintenir un état de choses supportable, et même qu'elle contribue à développer la moralité, la vertu, la connaissance du bien ; l'idée que l'obéissance soit une vertu ; qu'on fasse preuve de sentiments nobles et dignes en se soumettant à une autorité reconnue par d'autres personnes, et qu'on persiste témérairement à nommer, mais seulement à *nommer* « divine » ; l'idée sacrilège que nous soyions nés « en état de péché », par conséquent mauvais, foncièrement mauvais, incapables de progrès ; l'idée que « rien ne change sous le soleil », qu'en tout cas, il faudra des milliers d'années pour accomplir la transformation dont les hommes clairvoyants comprennent l'imminence ; la manière dont on apprécie la valeur d'un homme ; l'aune à laquelle on mesure l'éducation ; les privilèges exclusifs qu'on reconnaît aux possédants ; la faveur qui s'attache à des fortunes acquises par héritage, par mariage, ou par des moyens malhonnêtes ; l'insolence avec laquelle on tire vanité de prétendus droits, attribués à la naissance ; les jugements portés sur la soif de culture et d'instruction que manifestent les classes dites inférieures de la population ; l'orgueil puéril avec lequel nous nous plaçons au-dessus des autres nations civilisées ; l'aveuglement ridicule qui nous dissimule nos propres défauts et la condition misérable de notre propre peuple ; — tout cela découle de préjugés courants, tout cela est l'expression d'idées fausses, qui ne sont nullement l'attribut nécessaire des classes supérieures, bien qu'à la vérité il se trouve dans leurs rangs des hommes pour tirer vanité de leur propre infériorité mentale. Personne ne soutiendra que l'émancipation, sous ce rapport, soit impossible. Ce n'est pas la capacité de libérer leurs esprits qui fait défaut aux classes supérieures ; c'est, pour le moment, le désir, la volonté de s'affranchir. Souhaitons que prochainement, très prochainement, il s'accomplisse là une transformation profonde, radicale.

Il faut aussi que les classes supérieures s'émancipent de l'importance exagérée qu'elles attribuent, non à un bien-être dont tous les hommes, *sans exception*, devraient jouir, mais à quantité de superfluités que l'on considère comme nécessaires, à un degré de confort qui dégénère en luxe et en fainéantise, et avant tout aux tristes excès de la table. Sans doute, ne fût-ce que par charité, nous devons accorder des circonstances atténuantes aux esprits arriérés — bien entendu sans qu'ils puissent s'en prévaloir pour persister dans leurs défauts. Mais si leur retard intellectuel les entraîne à des jouissances dégradantes, s'ils négligent leur esprit en proportion de ce qu'ils affinent leur palais et soignent leur estomac, alors, il n'est plus pour eux de circonstances atténuantes. En toute circonstance, nous devons travailler énergiquement à ce que l'on s'émancipe de la soif de jouir, afin que la prochaine génération soit plus saine de corps et d'esprit.

L'émancipation radicale des classes supérieures est vraiment devenue un des besoins les plus sérieux et urgents de l'époque. Qu'il s'agisse d'affranchir le quatrième état, d'affranchir la femme, d'affranchir d'autres opprimés quelconques, nous pouvons, nous autres, y contribuer, en luttant avec eux pour leurs droits. Mais comment faire pour porter secours à ceux qui s'imaginent être au-dessus de nous ? Nous ne le pouvons qu'en nous plaçant *à leur côté* — si haut qu'ils croient être, et quelque étonnement que leur cause notre audace — et en leur disant à l'oreille : « Vous qui croyez être à la tête de la nation, vous vous êtes laissé dépasser par des milliers de gens ; vous qui tenez de l'ancien temps vos lettres de franchise, vous êtes vraiment les moins libres de la nation. Ressaisissez-vous, songez à vos aïeux ; rejetez vous-mêmes les chaînes par lesquelles vous croyez êtres liés à un passé qui penche vers la tombe. Personne d'autre que vous-mêmes ne peut briser vos liens. Délivrez-vous, pour vivre désormais libres au milieu d'hommes libres, sans privilèges au milieu de vos égaux ! »

Les conséquences militaires de l'initiative du tsar[1].

Si j'emploie le titre qu'on vient de lire, c'est parce qu'il m'a été proposé par la direction de ce journal. A mon avis, le sujet ne comporte pas encore de considérations essentiellement militaires. C'est la grande faute que commettent — tantôt inconsciemment, et tantôt méchamment — les « enrayeurs de civilisation » (on pourrait dire aussi, les vrais ennemis de la religion et du christianisme), que de vouloir dès maintenant commenter le message gran-

1. *Die Zeit* (de Vienne), n° 207.

diose du tsar par des considérations techniques militaires. L'appel du tsar ne s'adresse point aux ministres de la guerre des Etats civilisés.

Par respect du protocole encore en vigueur, il est adressé aux gouvernements. Mais, en réalité, il a été écrit pour chacun de nos contemporains pris en particulier, pour les peuples en tant que peuples, pour le monde civilisé considéré comme un tout.

C'est ainsi que nous devons comprendre cette manifestation, et qu'il convient d'y répondre. La parole n'est pas aux ministres de la guerre ; c'est à nous, à chacun de nous, de prononcer là-dessus le premier, et aussi le dernier mot. On nous demande notre avis. C'est votre avis qu'on demande, ami lecteur ; et l'on demande aussi celui de votre femme ; celui de votre ménagère — lors même que vous la traiteriez encore en simple « domestique » ; et aussi celui du typographe qui compose cet article. Il est vrai qu'on interroge « aussi » les princes, « aussi » les ministres, « aussi » les maîtres du journalisme ; mais ce n'est pas eux qui décideront. La décision nous appartient à nous ; elle appartient à la volonté populaire, somme de toutes les volontés individuelles autonomes et indépendantes. Tout dépend uniquement de notre volonté ; il s'agit de savoir si nous — chaque Anglais, chaque Suisse, chaque Autrichien — voulons vivre encore avec « la guerre en perspective », ou si nous voulons entrer dans l'ère sans violence.

La simple trêve actuelle, qu'on décore hypocritement du nom de paix, n'est pas un état digne d'une humanité civilisée, s'élevant à la conscience d'elle-même, à la raison. De ce qu'une chose a suffi jusqu'ici, il ne s'ensuit pas qu'elle doive suffire indéfiniment. Sur ce point, nous ne gaspillerons pas un grand nombre de mots en l'honneur du passé. Il nous suffit de dire : cela était ainsi, cela devait être ainsi (du moins suivant ma conception). Mais aujourd'hui, le tsar nous a demandé si nous estimons que ce qui, jusqu'ici, a été « bien », doit rester indéfiniment invariable ; si les hommes de l'an 1905 de notre ère doivent avoir la même notion du « bien » que ceux de l'an 1905 avant J.-C.

Le tsar sait que le Tout-Puissant ne descend pas sur terre pour nous donner des indications sur notre existence à venir ; c'est pourquoi il nous soumet des propositions : il nous dit comment, d'après ce qu'il sait de la loi divine, il est temps que nous organisions notre existence. Le tsar sait que son impérial cousin, le roi de Prusse, si grandes que soient les espérances qu'on a attachées au voyage en Palestine, ne rapportera probablement pas un nouveau Décalogue du mont Sinaï ; c'est pourquoi il nous invite à nous donner à nous-mêmes les lois suivant lesquelles nous voulons vivre désormais. Le tsar sait et dit, en un superbe et clair langage, que : « Au cours des vingt dernières années, les aspirations à un apaisement général se sont particulièrement affirmées dans la conscience des nations civilisées » ; c'est pourquoi il nous invite à transformer ces aspirations en actes. Tout cela ne regarde pas les gens en uniforme ou les fonctionnaires du gouvernement plutôt que n'importe quel autre homme. Car enfin le tsar ne conteste pas l'aptitude des nations à faire la guerre, et il ne se propose pas davantage d'affaiblir les peuples et de les empêcher de guérir leurs maux. Il estime seulement que la force et l'intelligence des peuples parvenus à l'état de raison, leur esprit religieux et leur valeur morale, leur savoir et leur sentiment du devoir, peuvent s'employer mieux au service du bien-être général, qu'à satisfaire le caprice d'un dieu des batailles d'origine biblique.

Le militarisme et le désarmement, la conférence de la paix et l'arbitrage ne sont ici que des phénomènes accessoires. Ce sont des idées qui prendront corps tout naturellement, avec l'avènement de la paix véritable. On peut, il est vrai, y penser dès maintenant ; mais si on se livrait à leur égard à une discussion prématurée, on égarerait inutilement les esprits, on fournirait aux cerveaux paresseux et anémiques un retranchement à l'abri duquel prendraient position leurs arguments nuisibles et criminels. — Quand une municipalité décide de substituer aux chevaux de ses tramways la traction électrique, quantité de personnes songent aussitôt aux mille questions accessoires de la réforme : chevaux inutilisés, intérêts des éleveurs, fournisseurs de fourrages, maréchaux, constructeurs d'écuries, marchands de couvertures, bourreliers, etc. ; mais parmi les hommes desquels dépend la décision, en est-il un qui se laisserait influencer par ces considérations ? Les habitants renonceraient-ils pour cela au bénéfice de la transformation ? Quand le bon vouloir est réel, quand la résolution est prise de faire le pas qui décidera du progrès, les questions accessoires se résolvent d'elles-mêmes. Et pareillement, quand l'idée pacifique aura triomphé, le désarmement se fera de lui-même...

Lorsqu'il arrivera que le commandant de compagnie, au moment de faire prêter serment à ses recrues, se demandera comment s'y prendre pour soulever leur enthousiasme à ce cri de guerre, parce qu'il sera convaincu lui-même que l'Humanité est entrée dans l'ère sans violence; quand le bouillant colonel de hussards, sur le point de parler du « tranchant affilé de nos sabres », restera coi devant le sourire entendu des petits lieutenants, qui chuchoteront « pas arrivé, tout ça » ; quand le chef suprême de l'armée n'osera plus parler, dans ses toasts de grandes manœuvres, du « jour où la patrie sera menacée », parce qu'il aura compris que ce jour ne viendra pas — alors il sera temps de songer au désarmement.

Alors aussi, les journaux et les revues, les députés et les politiciens en chambre n'auront pas besoin de s'en mêler, ni d'en prendre souci. Ce sera l'affaire de ces grands esprits organisateurs qui se trouvent aujourd'hui dans toutes les armées d'Europe ; ils assureront le désarmement avec la conscience et la célérité qu'ils mettent aujourd'hui à préparer cette conflagration générale qu'on nous prédit, parfois à date fixe, et qu'on aura fini par décommander. Pour le savoir, il n'est pas besoin d'être un soldat comme moi, qui ai passé vingt-cinq années au sein de cet organisme incomparablement grandiose, une armée moderne — l'armée prussienne, puis allemande ; qui ai fait la guerre avec enthousiasme — alors que je croyais à la guerre — comme je voue aujourd'hui avec enthousiasme ma vie à préparer l'ère sans violence, dont l'aurore resplendit dès maintenant à mes yeux. Non : tout cela, on le sait, ou du moins on devrait déjà le savoir dans toutes les couches de la nation, et l'on n'a donc pas à se préoccuper des moyens techniques d'exécution et d'organisation.

Une revue vient d'écrire : « Les auteurs militaires connus se refusent à nous donner tout renseignement sur les points de vue militaires de l'action proposée par le tsar. » Je le crois volontiers. Qui pourrait fournir un renseignement sur des points qui n'ont pas encore donné lieu à l'ombre d'une décision, d'un préparatif, d'une conversation, sur des points auxquels on a encore à peine réfléchi ? Il est probable que les hommes compétents n'ont même pas encore voulu réfléchir à ces questions. Aussi bien sont-elles épineuses ; car les moyens d'exécution ne sauraient être déterminés qu'au moment décisif, et d'ailleurs ils dépendent entièrement, et dans tous leurs détails, du degré auquel l'âme des peuples et de leurs gouvernants aura été pénétrée, le moment une fois venu, de l'idée pacifique. Pour acquérir sur ces matières une vue saine, il faut bien comprendre ceci : ni le vœu d'une nation isolée, ni même la manifestation d'une volonté puissante, ne saurait nous faire pénétrer dans l'ère sans violence, au seuil de laquelle nous nous trouvons déjà ; il y faut absolument une entente sans réserve entre les divers peuples civilisés, entente qui devra être précisée sur certains points particuliers.

Mais, en attendant, une chose est certaine dès maintenant : c'est que les voies et moyens du désarmement ne présentent aucune difficulté. Où il existe une volonté, il existe aussi un moyen d'agir ; où c'est une nation qui veut, il existe un grand nombre de moyens ; mais où la volonté des grands concorde avec celle de la nation, les moyens sont innombrables. Quand on connaît la somme d'intelligence, de sentiment du devoir, de talent d'organisation, d'activité assidue, qui est consacrée au commandement de toutes les armées du monde civilisé, on ne se préoccupe pas des détails que comportera le programme du désarmement. Va-t-on retirer les armées à des distances de plus en plus grandes de la frontière; démanteler une grande place frontière, puis une autre; fixer, pour le réduire progressivement, l'effectif entretenu sous les drapeaux; établir des conventions relatives aux budgets militaires; décider de ne pas appeler une classe de recrutement; s'entendre pour supprimer, pendant une année, les grandes manœuvres; conserver provisoirement l'organisation existante, en se bornant à réduire les effectifs, ou bien supprimer un corps d'armée, puis un autre; commencer par neutraliser les petits Etats, de manière à ce qu'ils désarment les premiers; interdire d'abord les opérations militaires dans certains détroits ou canaux; étendre simultanément le désarmement à toutes les parties du monde, ou bien y apporter d'abord des restrictions; s'inquiéter (et à partir de quel moment?) de procurer un gagne-pain aux militaires professionnels, aux officiers, et notamment aux plus jeunes (par exemple dans l'enseignement, dans la colonisation à l'intérieur) ; organiser en vue d'autres objets les écoles militaires — mille et mille pensées se pressent à l'esprit de celui qui s'occupe de cette question. Ce serait anticiper sur l'évolution des choses, anticiper sur les moyens de la pensée humaine, que de vouloir répondre dès maintenant à ces questions qui nous assaillent, de vouloir seulement essayer de les sérier suivant leur importance ou suivant l'ordre dans lequel elles pourront se résoudre. Tout cela se trouvera au moment voulu, comme on trouve, en s'installant dans une nouvelle demeure, l'emploi des meubles qui garnissaient l'ancienne, et qui semblaient de trop. Au premier moment, les actes journaliers les plus insignifiants nous présentent des monceaux de difficultés ; mais le temps porte conseil. Tous les événements sont régis par les mêmes lois, de même que, durant les plus grandes révolutions, nous agissons sous les mêmes impressions et les mêmes influences que dans les menus faits de notre vie quotidienne. On peut même être assuré que, si l'on s'avisait de prédire à quel signal déterminé se produira le début proprement dit du désarmement, les choses ne manqueraient pas de se passer de toute autre manière.

Cela ne doit pas nous empêcher de nous régler désormais sur ce fait, que le désarmement aura lieu, et que la génération présente est prédestinée pour instaurer l'ère sans violence, les temps nouveaux de l'Humanité. Il faut d'abord désarmer en nous-mêmes : chacun de nous doit mettre son âme et sa pensée en harmonie avec les conditions fondamentales de l'ère sans violence, de la paix. Voilà le désarmement dont il s'agit dès aujourd'hui, et qui vous incombe très sérieusement, ami lecteur. C'est en soi, c'est pour soi, qu'il faut désarmer. Il faut désarmer vis-à-vis de ses semblables, chez soi comme à la cour, dans les fonctions et dans les affaires, dans la vie publique et dans la vie privée. Désarmer, dans ce sens, signifie : *acquérir un sentiment plus parfait de la justice.* Et, en ce qui concerne la communauté : il faut éliminer de notre vie publique toutes les dispositions légales qui gênent le désarmement intime de l'individu. Ecarter tout ce qui tend à ralentir notre confiante ascension vers le progrès ; écarter tous les obstacles auxquels se heurte l'homme doué de sentiments justes et nobles. Dans ce sens, désarmement est synonyme de *transformation radicale de toutes les conditions de la vie sociale.* Ce n'est que quand cet indispensable désarmement intime des individus et des peuples sera en train, que se produira, parallèlement à lui, le désarmement proprement dit, celui des armées. Mais alors, nous aurons tant à faire, chacun en soi-même et tous dans notre vie collective, que nous abandonnerons volontiers l'exécution du désarmement militaire à ceux dont c'est le métier. Nous savons que ce soin est en bonnes mains.

Depuis longtemps, les chefs d'armée et les princes, les hommes d'Etat et les chefs d'Etat de toutes les nations civilisées ne cessent de déclarer que tous leurs efforts tendent à réaliser l'idée pacifique. Nous voulons les aider à atteindre ce but ; nous voulons désarmer. Maintenant, en ce moment même, vous pouvez vous y mettre, ami lecteur.

L'affaire Ziethen[1]

Le lecteur sait déjà que, le 3 décembre dernier, j'ai exposé dans une grande réunion publique, à Berlin, pourquoi je suis convaincu de l'injustice de la condamnation à mort (commuée en détention perpétuelle) qui fut portée à Elberfeld, en février 1881, contre l'aubergiste Ziethen, prévenu du meurtre de sa femme. Je ne puis, faute d'espace, reproduire ici cette conférence.

A quelques exceptions près, les journaux se sont tenus jusqu'ici sur la réserve à

1. *Versöhnung*, janvier 1898.

l'égard de l'affaire Ziethen ; je ne puis leur en faire un crime. Les détails de la cause — ceux qui sont bien connus, comme ceux qui restent mystérieux — ces détails sont tellement singuliers, parfois si révoltants et par conséquent si incroyables, qu'on ne peut demander à un homme prudent d'admettre du premier coup l'innocence de Ziethen. Mais, d'autre part, les choses sont d'une simplicité vraiment saisissante. C'est d'abord une sorte d'alibi, d'où il résulte qu'il est impossible que Ziethen ait commis le crime ; puis c'est la probabilité, grandie peu à peu jusqu'à devenir une certitude, de la culpabilité d'un autre (Wilhelm). A moins d'y mettre une vraie mauvaise volonté, quiconque étudie la question est contraint, par la puissance des faits et de la logique, de conclure à l'innocence du condamné ; d'où résulte, pour l'homme impartial, l'évidente nécessité de reviser le procès et de réhabiliter Ziethen.

Mais comme il a été impossible, jusqu'ici, d'obtenir cette revision ; comme toutes les tentatives faites pour redresser le cours faussé de la justice se sont heurtées à des résistances d'ordre juridique ou gouvernemental, les faits et la logique s'effondrent, impuissants, dans l'esprit de la moyenne de nos contemporains, élevés dans la crainte de Dieu et le respect de l'Etat. Peu importe alors qu'une chose soit matériellement impossible — « il faut bien que cela se soit passé ainsi » ; peu importe qu'une erreur ait été mise en évidence — « l'hypothèse d'une erreur est inadmissible » ; on ne se sent pas le courage de sonder la plaie dont souffre la nation ; la volonté et l'énergie font défaut pour affronter les vicissitudes d'une lutte contre le système, responsable de ce mal.

Quelqu'un qui avait assisté à ma conférence et que la logique des faits avait convaincu, regretta qu'un de nos principaux journaux, un de ceux qu'on devait s'attendre à voir du côté des défenseurs du droit, n'ait mentionné cette soirée qu'en passant, dans un compte-rendu banal. Il écrivit, tout à fait à mon insu, au rédacteur en chef, qui lui répondit, entre autres choses, ce qui suit : « Notre situation n'est pas celle de la France, et ne nous permet pas d'enfler démesurément l'affaire Ziethen jusqu'à en faire une affaire Dreyfus. Nos tribunaux se sont plusieurs fois occupés de ce cas; ils ont refusé la revision. A quoi donc cela nous mènerait-il, d'organiser l'assaut du jugement Ziethen ? »

Très exact : notre situation n'est pas celle de la France. Mais, si l'on entend par là que notre situation, notre organisation gouvernementale, notre distribution de la justice, ne recèlent pas des points sombres, épouvantablement sombres, c'est que le rédacteur en chef de cet organe estimé vit encore dans une erreur dont les typographes et les porteuses de son journal se sont affranchis depuis longtemps !

« Enfler démesurément l'affaire... » Voilà des années que la condamnation de Ziethen pèse sur ma conscience comme un grand crime national. Peut-être ne me comprendra-t-on pas, mais je suis assez honnête pour le dire : ce qui me fait souffrir, ce n'est pas encore tant la pitié pour l'innocent condamné, que la douleur de nous voir, nous, le peuple prussien, encore assez enfoncés dans la barbarie pour que cela ait été possible, — la rage de constater que nous, le peuple prussien, nous tolérons des choses pareilles ! Dès le premier moment, j'ai mis tous mes soins à éviter tout ce qui pouvait ressembler à une agitation, à une excitation, à un désir de scandale. Par là, je me suis rendu la tâche plus difficile, à moi comme aux autres. Mais je voulais et je veux encore agir de la manière la plus digne, la plus posée, la plus réservée. Je suis, en particulier, très reconnaissant à M. Liebknecht d'avoir pensé et agi sur ce point tout à fait parallèlement à moi, sans se laisser influencer par sa situation de chef de parti. Depuis des mois, je sentais clairement que j'allais être obligé de m'adresser directement au peuple; j'ai reculé ce moment aussi longtemps que possible. Enfin, j'avais préparé dans mon esprit tous les détails de cette démarche, je voyais bien clair en moi-même: voilà qu'éclate à Paris l'affaire Dreyfus. Si quelque chose avait pu me décider à retarder encore mon action, ç'aurait été cette coïncidence. L'idée qu'on pourrait établir des comparaisons, la pensée de tout ce que peuvent imaginer en pareil cas des hommes malintentionnés, m'était odieuse. Mais l'impulsion de ma conscience l'emporta : tout retard nouveau eût été, de ma part, un manquement au devoir. Si M. le rédacteur en chef était venu à cette réunion, il aurait reconnu que rarement un sujet pareil a été traité avec autant de retenue, de réserve et de prudence, devant une foule dont une grande partie n'attendait que le moment où il lui serait permis de faire éclater violemment son exaspération ; j'ai maîtrisé la passion de cette foule, et vraiment c'était la première fois qu'une semblable action modératrice s'exerçait dans l'enceinte de la Tonhalle de Berlin ! Sans crainte — parce que j'étais sûr de ce que j'affirmais, — et jusqu'au bout, parce qu'il fallait que cela fût, j'ai marché droit au but, dans cette voie si difficile ; chacune de mes syllabes était pesée ; dans ces quatre heures d'exposé, il y avait une préparation, un effort intime dont les orateurs populaires ne sont pas coutumiers. « Si intéressante et si soigneusement étudiée qu'ait été la conférence de M. von Egidy... », lit-on dans le compte rendu. Ah bien non, M. le rédacteur en chef ! Ce n'est pas pour faire d' « intéressantes conférences » à mes concitoyens que j'ai quitté ma patrie, l'armée ! Quant à avoir été « soigneusement étudiée », — — sans doute ; il faut convenir qu'il eût été vraiment impertinent à moi d'obséder le peuple entier, et d'inviter tout Berlin à une réunion, si je n'avais commencé par étudier la question, sérieusement, clairement, *à fond!*

« Nos tribunaux ont examiné l'affaire à plusieurs reprises » — Oui ; « ils ont repoussé la revision » — Non. C'est ici justement qu'est le nœud, et en même temps le point sombre du problème. Le premier arrêt qu'un tribunal prussien ait rendu dans cette affaire depuis la condamnation, qui remonte à 1881, a consisté à ordonner en 1887 la réouverture de l'instruction, après les aveux de Wilhelm. Le ministère public fit opposition à cet arrêt. Notons ce point. Le tribunal, l'autorité même qui a condamné Ziethen à la peine capitale, décide qu'il y a lieu de rouvrir l'instruction ; le représentant de l'Etat (non de la justice) s'y oppose ; et là-dessus seulement, une Cour d'appel casse cette décision. Il va de soi que les sentences subséquentes se sont réglées sur l'arrêt de la Cour, et cet « accord des lois et de la jurisprudence » fera le bonheur de tout juriste : peu importe que la conscience publique s'élève contre l'imperfection des lois et les vices de la jurisprudence ! Mais pourquoi donc le ministère public a-t-il fait opposition ? C'est là une démarche qui, jusqu'à l'an dernier, devait nécessairement rester incompréhensible à des millions d'hommes ; mais depuis que nous avons vu le procès Leckert et Lützow, les sujets du roi de Prusse commencent à se rendre compte de ce qu'on entend par l' « intérêt supérieur de l'Etat ». Les paroles qui ouvrirent les débats de ce procès proclamaient une noble pensée : la vérité prime tout. Au bout de quelques jours, ce fut l' « intérêt supérieur de l'Etat » qui domina les audiences.

Or, que nous enseigne cet intérêt supérieur de l'Etat? Qu'ordonne-t-il? Qu'interdit-il? Que produit-il? — L'intérêt supérieur de l'Etat autorise ceux qui en ont charge à commettre éventuellement des crimes; l'intérêt « encore supérieur » de l'Etat oblige les serviteurs de l'Etat à protéger éventuellement le criminel; l'intérêt tout à fait suprême de l'Etat exige que tout crime commis de la sorte soit dissimulé au peuple. Eh bien, le mal qui empoisonne notre vie nationale ne consiste pas simplement en ce qu'il se commet des fautes et des crimes; il consiste en ce fait qu'on n'ose pas qualifier de crime toute action criminelle — quel qu'en soit l'auteur.

« A quoi cela nous avancera-t-il, d'organiser l'assaut... ? » — A obliger enfin la nation à ouvrir les yeux sur notre situation; à lui faire comprendre en quoi consiste actuellement l'idée de l'Etat, et comment on l'exploite pour ne respecter les droits de l'homme qu'autant qu'un « intérêt supérieur de l'Etat » n'en réclame pas la violation; à mettre fin à un semblable système, en nous élevant à l'horreur de l'injustice *sous toutes ses formes*, en organisant des institutions qui protègent l'individu contre l'oppression de l' « intérêt supérieur de l'Etat » ; — et finalement, aussi, à procurer à Ziethen, injustement condamné, la réhabilitation qui lui est due.

Ce n'est point de ma faute, si l'on parle d'un « assaut » ; et même, je crains bien que si nos journaux ne se montrent pas de toute autre manière, on n'en vienne jamais à cet assaut. Mais, pour ma part, je ne redoute nullement de le voir livrer : il n'en pourra résulter que du bien. Ce sont de bien pitoyables patriotes, que ceux qui hésitent à projeter la lumière sur les points sombres de notre vie publique, même quand la pourriture s'y est mise depuis des années. Pour moi, je ne connais pas de patriotisme plus élevé que celui qui vise à développer la soif de justice chez l'individu comme dans la nation entière. C'est de cette manière que je me représente mon action dans l'affaire Ziethen.

Je me place d'ailleurs volontiers au point

de vue de ceux qui ne font que douter de la culpabilité de Ziethen. Ils sont nombreux dans la nation ; mais qu'ils forment la majorité ou la minorité, l'Etat, pour peu qu'il tienne à son bon renom, a pour devoir de lever leurs doutes.

Car il ne s'agit pas là d'imaginations suscitées à la légère : ces doutes reposent sur des faits. Il y a, entre autres, la lettre écrite au procureur royal par M. Berger, médecin-légiste de la circonscription d'Elberfeld, et que je reproduis ici en raison de son importance.....

[Suit, dans le texte, la reproduction de la lettre, qui est très longue. Il résulte entre autres de ce document (qui est du 7 avril 1890, c'est-à-dire de six ans postérieur au procès), que certaines pièces à conviction ont été falsifiées entre le moment de l'arrestation et le jugement. Examinant l'accusé aussitôt après le crime, le Dr Berger n'a trouvé sur lui aucune trace de sang ; à l'audience, les manchettes que Ziethen portait au moment de son arrestation furent présentées maculées de taches rouges. Mais le docteur constata que ces taches avaient l'aspect non de sang ni de vin, mais bien celui d'encre rouge ; « toutefois, ajoute-t-il, je crus à cette époque qu'elles avaient été faites accidentellement, depuis mon premier examen ». De même pour un couteau, trouvé chez Ziethen, et sur lequel on avait relevé l'existence de taches analogues.

Plus tard, les doutes survinrent dans le public. On connaissait l'emploi du temps de l'accusé avant le crime : il était rentré de Cologne par un train dont l'heure d'arrivée rendait matériellement impossible l'accomplissement du crime par lui, entre le moment de son arrivée en gare et celui où il fut arrêté. Le Dr Berger refit les divers trajets que Ziethen avait parcourus en rentrant, et constata l'absurdité de l'accusation.

Puis vinrent les aveux de Wilhelm, déclarant à plusieurs personnes qu'il avait tué la femme de Ziethen, et que ce dernier n'était pour rien dans le crime.

Enfin, des considérations morales et d'intérêt ne permettent pas de croire à la culpabilité du condamné, si bien que ce médecin assermenté termine sa lettre officielle en déclarant qu' « *à son avis, il faut que les pièces à conviction aient été falsifiées* ».]

Toutes les choses indiquées explicitement ou implicitement dans cette lettre, je ne les considérerai même pas comme des faits, en ce sens qu'elles puissent ou qu'elles doivent, sans autre forme de procès, servir de fondement à un arrêt. Mais ce que nous pouvons poser en fait, dès maintenant, c'est que le médecin-légiste Berger est convaincu de tous les points énoncés par lui comme étant des faits, et que ceux qu'il se borne à indiquer sont le résultat d'une recherche consciencieuse et pénible. Et ce qui *est un fait*, c'est que cette lettre a été adressée officiellement par un médecin-légiste royal prussien à un procureur royal prussien ; ce qui *est un fait*, c'est qu'elle a été reproduite en janvier 1895 par d'innombrables journaux (j'ignore jusqu'ici comment la divulgation a pu se produire, car j'ai intentionnellement évité de faire des recherches sur ce point). Enfin, ce qui *est un fait*, c'est que, lors de cette publication, les autorités de l'Etat ont gardé le silence. Si le contenu de la lettre permet de concevoir des doutes concernant la culpabilité de Ziethen, une semblable attitude des autorités, en présence de sa divulgation, ne peut que confirmer ces doutes. La supposition qu'il y a là quelque chose qui cloche ; la supposition qu'il existe un intérêt — peu importe chez qui, peu importe pourquoi — à ne pas dissiper le nuage qui, depuis la publication de cette lettre, obscurcit aux yeux du peuple l'affaire Ziethen ; cette supposition est justifiée par la conduite des autorités. Je dis « cette supposition » ; admettons donc (au moins provisoirement) qu'il ne s'agit que d'une supposition ; mais elle pèse sur nos consciences ; elle empoisonne la confiance de la nation dans la loi et dans ses institutions ; elle ébranle de dangereuse manière le respect envers ceux que nous considérons comme les chefs et les représentants de notre existence nationale, et cet ébranlement n'est pas local — il est général.

Et si l'on imagine que cette supposition ne fait que « hanter quelques cerveaux », on commet une faute de plus. L'affaire Ziethen préoccupe les gens plus qu'on ne peut le reconnaître à la lecture des journaux ; cent fois plus qu'on ne le croit « en haut lieu » ; et dans ces mots, « en haut lieu », je comprends aussi MM. les rédacteurs en chef de nos grands journaux, car ils ne sont guère mieux renseignés sur les incidents de notre vie nationale que ceux qu'on a coutume de désigner ainsi. Le crédit accordé à notre justice et à notre organisation d'Etat a dangereusement décru, durant ces dernières années, sous l'influence de toutes sortes d'événements ; les journaux dont la mollesse, en présence de maladies sociales reconnues ou même seulement présumées, contribue à enlever à la nation son dernier reste de confiance dans la possibilité de la guérison, ces journaux devraient au moins cesser de se compter parmi les soutiens de l'Etat. Le fait de sortir volontairement de cette catégorie ne constitue pas, pour un journal, matière à reproche ; notamment pas, quand c'est pour servir le peuple que ce journal abandonne l'idolâtrie de l'Etat. Mais contribuer à ébranler l'Etat, sans rendre service au peuple, c'est trop peu, pour un organe qui prétend mériter de la considération.

Le numéro de janvier 1899 de *Versöhnung* contient la dernière page écrite par Egidy, un compte rendu inachevé de la seconde conférence qu'il consacra, le 4 décembre 1898, à l'affaire Ziethen. Après avoir rappelé que le commissaire de police Gottschalk, auteur de l'arrestation de Ziethen, est généralement accusé d'avoir organisé comme agent provocateur, en 1883, un pseudo-attentat au Niederwald, Egidy conclut ainsi :

« Voici ce que l'on pense aujourd'hui dans le peuple, et aussi dans les classes dirigeantes.

« 1° Si la revision est accordée, l'acquittement de Ziethen est certain. Et non pas un acquittement faute de preuves, mais un acquittement résultant de la certitude de l'innocence.

« 2° De là résulte que la phrase finale du rapport du docteur Berger prend une importance terrible ; ce qui n'était d'abord qu'un soupçon prend la forme d'une accusation directe.

« 3° Un lien s'établirait alors spontanément dans les esprits entre cette affaire et celle du Niederwald : l'attentat de 1883 apparaîtrait à tous les hommes clairvoyants comme un coup monté.

« 4° Ce serait un coup mortel pour le prestige d'un système gouvernemental qui s'est appuyé sur ce prétendu attentat, et sur d'autres événements pouvant provoquer des inquiétudes, pour prendre toutes sortes de mesures violentes, et qui est toujours prêt à en prendre de nouvelles.

« Voilà ce que l'on sait, voilà ce que l'on craint, et voilà pourquoi, au moment des aveux de Wilhelm, on « désira » que la revision n'eût pas lieu.

« Bien entendu « l'indépendance » de nos magistrats n'est pas suspectée. Aussi bien, le tribunal d'Elberfeld a-t-il décidé de rouvrir le procès, malgré la rétractation des aveux de Wilhelm, survenue dans l'intervalle. C'est le ministère public qui a fait opposition à cet arrêt devant la Cour d'appel de Cologne. Pourquoi ? Quand des juges ont déclarée recevable une demande en revision — ce qui, après tout, ne préjuge pas de l'arrêt définitif — quel intérêt le représentant du gouvernement peut-il bien avoir à s'opposer au cours de la justice ? »

IIIe PARTIE

ÉCRITS DE GASTON MOCH

Revision du traité de Francfort[1].

La paix par la justice.

CONSIDÉRATIONS PRÉLIMINAIRES.

Il serait oiseux de s'étendre sur les

1. Il va sans dire que je dois prendre ici la même précaution oratoire qu'Egidy, dans sa Conférence du 4 septembre 1898 (p.141) : je n'ai nullement prétendu, en écrivant la *Revision du traité de Francfort*, poser des conditions *sine qua non*, indiquer comment *devra* se faire la réconciliation franco-allemande. J'ai seulement voulu montrer comment elle *pourrait* se faire, quelle serait à mes yeux la solution la plus équitable. Mais il est bien clair qu'on peut imaginer d'autres expédients. Ce qui est intéressant, c'est qu'Egidy ait approuvé les idées de ce tra-

résultats immédiats et futurs de l'état de paix armée qui pèse depuis un quart de siècle sur l'Europe.

Chaque jour se passe à écarter péniblement une guerre d'extermination, qui peut éclater le lendemain sous le prétexte le plus futile. Entre temps, les charges militaires s'accroissent sans interruption, toute initiative féconde est paralysée par la crainte de la catastrophe, et les mêmes

vail, et m'ait fourni l'occasion de les développer à Hambourg devant un certain nombre de ses compatriotes... qui les goûtèrent beaucoup moins (voir page 75).

Cette étude a paru d'abord sous forme d'un placard de propagande, que j'ai répandu à 85.000 exemplaires, soit par envois directs, soit par encartage dans les publications : *L'Art et la Vie*, *La Conférence interparlementaire*, *Les Etats-Unis d'Europe*, *L'Étranger*, *L'Indépendance belge*, *La Paix par le Droit*, *Peace and Goodwill*, *Revue bleue*, *Revue de droit international public*, *Revue internationale de sociologie*, *Revue de Paris*, *Revue scientifique*.

Une traduction allemande en fut faite par M. Hans Moser, et fut répandue à 10.000 exemplaires par lui et par diverses sections de la Société allemande de la paix.

Une traduction italienne, due à M. Luigi Lucchesi, parut dans la *Rivista popolare delle scienze politiche e sociali*, que dirige M. Colajanni; tirée à part, elle fut répandue en Italie par les soins du traducteur et de l'Union lombarde.

résultats désastreux sont amenés plus lentement, mais non moins sûrement ; la mort violente est conjurée — ou seulement retardée, — mais le patient a contracté une maladie de consomption qui ne pardonne point.

Ainsi la paix armée, en se prolongeant, ne peut aboutir qu'à la *guerre européenne*, à la *banqueroute générale*, ou à la *guerre sociale*, sinon à ces trois calamités superposées.

Il y a heureusement une quatrième issue possible à la situation présente. C'est l'*abolition de la paix armée* et son remplacement par **la paix,** tout court.

Cette dernière, celle qui sait se maintenir sans ruiner les peuples par le militarisme autant que le ferait la guerre elle-même, c'est la paix *librement consentie*, résultant :

1° De l'observation loyale de traités équitables, stipulés de pair à égal, et modifiables d'un commun accord, quand le besoin en est reconnu ;

2° Du recours à l'arbitrage ou à un tribunal permanent, en cas de contestation.

Ce dernier point, base de l'*état juridique international* qui doit être substitué à l'anarchie actuelle, a été suffisamment élucidé, pour le moment, par la Conférence interparlementaire de 1895 [1]. La présente étude, courant au plus pressé, a pour objet de rechercher les moyens de transition qui permettraient de parer aux dangers immédiats et de s'engager sûrement dans la voie du salut.

I. — Principes généraux.

1. — L'idée qu'un désarmement, total ou partiel, puisse être réalisé de but en blanc, en vertu d'une convention intervenue entre les puissances européennes, est,

1. Voir : *Autour de la Conférence interparlementaire*, par Gaston Moch (Paris, Colin, 1895), et le *Mémoire aux puissances*, du chevalier Descamps, président de la Conférence de 1895 (Bruxelles, librairie de l'Office central, 1896).

comme on l'a dit fort justement, « absurde en soi ». Encore plus dangereuse est celle d'un concert analogue en vue d'une suspension momentanée, ou *trêve d'armements*.

La paix armée a en effet pour cause la méfiance réciproque des puissances. Partout, le militarisme est considéré comme une déplorable, mais indispensable mesure de légitime défense. Et comme la préservation de l'existence nationale est la fonction primordiale de tout gouvernement, il est logique que tous les États, se croyant menacés, pourvoient à leur sécurité aussi complètement qu'il est en leur pouvoir; dès lors, il est inadmissible en droit de limiter l'exercice de cette fonction.

Cela est d'ailleurs également impraticable en fait. Car les différences existant entre les diverses puissances (population, richesse, voies de communication, frontières naturelles, colonies à garder, organisation actuelle de l'armée) empêchent toute comparaison, et par suite toute modification corrélative, de leur état militaire.

Quant à une trève à échéance déterminée, elle équivaudrait, au point de vue militaire, au désarmement complet, car toute interruption dans la préparation à la guerre annule en réalité cette préparation. Elle soulèverait donc les mêmes objections que le désarmement lui-même. Et, d'autre part, elle ne ferait qu'augmenter le malaise général, puisqu'elle fixerait sur une date déterminée les craintes qui, avec les errements actuels, ont au moins l'avantage d'être vagues et indéfiniment reportables au lendemain. Ce serait l'organisation d'une terreur journellement croissante.

2. — Puisque les armements résultent directement de cet état de suspicion réciproque qui règne en Europe, *ils dureront autant que lui*, et tendront même continuellement à s'accroître. Pour les enrayer, puis pour les réduire, et pour les abolir enfin, il faut donc commencer par *dissiper les*

méfiances accumulées par les guerres passées. Déjà, beaucoup de gens reconnaissent que tous les peuples, sans exception, ont soif de paix, et que les gouvernements, bon gré, mal gré, sont sincères dans les déclarations pacifiques qu'ils accumulent à l'envi. Quand cette notion se sera généralisée, le désarmement sera un phénomène aussi *logique*, aussi fatal, que le sont aujourd'hui les armements à outrance : il aura lieu dans tous les pays, progressivement et **spontanément.**

Autrement dit, *le désarmement n'est pas un moyen à employer, mais un résultat à atteindre :* le résultat d'un progrès moral que doivent réaliser les nations européennes.

3. — Ce progrès ne saurait consister que dans la reconnaissance générale et sans arrière-pensée de la morale politique de Kant, résumé de celle des philosophes français du XVIIIe siècle, et que le Congrès de la Paix de 1891 a développée, un siècle

après la Déclaration des droits de l'homme, en une véritable **Déclaration du droit des peuples** dont voici le texte :

« *Le principe des droits et de la morale des peuples est le même que celui des droits et de la morale des individus.*

» *Nul n'ayant le droit de se faire justice lui-même, aucun État ne peut déclarer la guerre à un autre.*

» *Tout différend entre les peuples doit être réglé par voie juridique.*

» *Les peuples sont solidaires les uns des autres.*

» *Les peuples ont, comme les individus, le droit de légitime défense.*

» *Il n'existe pas de droit de conquête.*

» *Les peuples ont le droit inaliénable et imprescriptible de disposer librement d'eux-mêmes.*

» *L'autonomie de toute nation est inviolable.* »

1. — L'obligation de résoudre juridiquement tout conflit international doit être

entendue dans le sens le plus strict.

L'idée de l'arbitrage international a fait depuis quelques années, des progrès considérables, sans cesse accélérés. Mais il arrive encore journellement que, tout en déclarant admettre en principe ce mode de règlement, on prétende lui soustraire une portion déterminée ou même l'ensemble de tel litige donné, qui, dit-on alors, « ne constitue pas matière à arbitrage ».

Une semblable prétention est inadmissible. Il en est des nations comme des individus : par cela seul qu'une d'entre elles se déclare lésée par une autre, *elle ouvre une question*, à la discussion de laquelle la seconde ne saurait se soustraire, si elle est sincèrement pacifique.

En pareille circonstance, la procédure à suivre est évidente. On doit commencer par constituer un *premier collège arbitral* qui, sans juger au fond, déclarera s'il y a, ou non, matière à arbitrage, c'est-à-dire s'il y a lieu de recevoir et d'examiner la plainte formulée par la nation demanderesse. Et, dans l'affirmative, un second arbitrage statuera ensuite sur le fond de la question. Ou encore, dans l'hypothèse de l'institution d'une Cour permanente, analogue à celle qui vient d'être proposée aux puissances par la Conférence interparlementaire de 1895, la Cour constituera *successivement deux tribunaux*, destinés l'un à examiner la recevabilité de la demande, et l'autre, éventuellement, à juger au fond.

5. — L'objection souvent produite, que de semblables dispositions seraient contraires à la souveraineté des puissances, est spécieuse, mais sans fondement. Autant dire qu'un citoyen d'un pays libre, tel que la Suisse, n'est pas libre, parce qu'il se soumet aux tribunaux de son pays, et se laisse appliquer des lois qu'il a contribué à établir, plutôt que de se faire justice lui-même !

Au reste, la souveraineté d'un État n'est

vraiment pas moins atteinte aujourd'hui, quand cet État subit, après une défaite, la volonté de plus fort que lui. Dans l'hypothèse du tribunal ou d'un arbitrage, il sera au moins en mesure de faire triompher son droit, si ce droit existe ; tandis que la souveraineté, poussée jusqu'au droit de déclarer la guerre, n'est en réalité que le moyen d'imposer éventuellement aux faibles des prétentions contraires au droit.

II. — Principes relatifs aux questions de nationalités.

6. — Le ferment le plus énergique des querelles internationales est actuellement constitué par les questions de nationalités, posées en Europe depuis l'ébranlement général de la croyance au droit divin des souverains.

7. — Ces questions, généralement mal définies, et que des conquérants ont

exploitées en les défigurant, peuvent se définir comme il suit :

Il existe une question de nationalité, quand la population d'un pays qui se trouve actuellement soumis à un certain État souverain, réclame, soit l'autonomie de son pays au sein de cet État, soit sa constitution en un État indépendant, soit son rattachement à un autre État.

Un semblable mouvement, qui procède des mobiles les plus respectables de la conscience et de la liberté individuelles, ne peut être *légitimement* et *efficacement* combattu que par la **persuasion**. S'il n'a pu être enrayé de la sorte, il ne reste plus qu'à *entrer en négociations* avec la population intéressée, pour lui donner satisfaction par un **arrangement amiable.** Car cette situation, en admettant qu'on échappe à la guerre civile ou étrangère qui peut en sortir à chaque instant,est une cause permanente d'épuisement *pour la nation dominatrice* aussi bien que pour la minorité opprimée.

8. — Cette dernière constatation détruit l'objection suivant laquelle nos théories tendraient à imposer à la majorité *le vœu de la minorité*, chose évidemment absurde et injuste. Car il est également injuste que la majorité opprime la minorité. Et, pour ceux que la notion d'injustice ne suffit pas à éclairer, il faut ajouter que ce qui est surtout absurde, c'est que la majorité perpétue, par cette oppression, une situation *qui lui est nuisible à elle-même.*

Ce que nous voulons, c'est **concilier équitablement,** au mieux des intérêts de chacun, les droits de la majorité et ceux de la minorité.

9. — Les questions qui viennent d'être définies sont les premières que les préjugés actuels font déclarer impossibles à résoudre pacifiquement : on prétend qu'elles ne se prêtent ni à un jugement, ni à un arbitrage, ni même à une discussion amicale, sous prétexte qu' elles sont *d'ordre purement intérieur.*

Cette thèse n'est soutenable que dans le premier cas (revendication de l'autonomie). Dans les autres cas, c'est-à-dire quand l'État dominateur empêche la naissance d'un État indépendant qui a la volonté de vivre, ou quand il retient sous sa loi une population désireuse de s'agréger à un autre État, la question est *évidemment* d'ordre international. Elle relève de la juridiction internationale à créer (collège arbitral ou tribunal), aussi bien qu'elle a toujours relevé de la seule juridiction reconnue jusqu'ici, de la guerre.

Même quand il ne s'agit que d'une revendication d'autonomie, le point de vue des violenteurs de peuples est d'ailleurs contestable. En pratique, les puissances sont toujours intervenues dans les affaires de ce genre, sous prétexte d'humanité, quand elles croyaient y avoir intérêt et qu'elles étaient les plus fortes : la Turquie en sait quelque chose. Et il est hors de doute qu'un temps viendra, où une Cour suprême écoutera la plainte d'une population molestée par l'État dont elle relève, un temps où un ministère public européen requerra contre cet État. Mais actuellement, ce serait trop demander que de vouloir internationaliser les questions débattues entre un État et une population qui ne réclame qu'un traitement équitable au sein de cet État.

10. — Les idées énoncées aux §§ 7 et 8 sont des faits d'expérience, non des déclamations de sentiment. Je les ai résumées ailleurs en disant :

« La nationalité ne résulte ni du lieu, ni de la langue, ni de la race, ni de toute autre condition physique...

» La nationalité est une forme de l'association volontaire ; elle est définie par la volonté des intéressés, que ceux-ci soient isolés ou constitués à l'état de populations. »

Et, des principes du droit des peuples énoncés plus haut (§ 3), notamment de celui qui établit l'imprescriptibilité de ces droits, je déduisais la conclusion suivante :

« *Il est juste, possible et nécessaire de revenir, par des transactions équitables, sur celles des conquêtes passées auxquelles les populations conquises persistent manifestement à refuser leur acquiescement.* »

III. — Principes relatifs a la question d'Alsace-Lorraine.

11. — La première condition de toute tentative de pacification de l'Europe doit être la **réconciliation sincère de la France et de l'Allemagne.**

12. — Cette réconciliation, désirée par tous les esprits éclairés et soucieux de l'avenir de la civilisation, est facilitée par ce fait que les deux pays, loin d'être des ennemis naturels (y a-t-il d'ailleurs des ennemis naturels ?), sont véritablement complémentaires l'un de l'autre par leur esprit, leur civilisation, leurs productions

de toute nature, leurs intérêts généraux en Europe et outre-mer : ils sont **indispensables l'un à l'autre.**

13. — Elle est empêchée par **une cause unique** : la question d'Alsace-Lorraine.

14. — Cette question est donc la première que l'on doive s'efforcer de résoudre en Europe, si l'on veut avancer d'un pas dans la voie de la pacification morale, c'est-à-dire de la seule pacification effective.

15. — La question d'Alsace-Lorraine est, par l'importance des parties en présence, comme par l'influence désastreuse qu'elle exerce sur les destinées de l'Europe, l'épisode décisif de la lutte engagée entre le droit des peuples et le droit de conquête.

Et en cela, elle repose sur un malentendu, qu'il importe donc de lever.

Les Allemands se considèrent comme les possesseurs légitimes, *les propriétaires* de l'Alsace-Lorraine, envisagée par eux comme une *terre*, comme un domaine féodal, dont les habitants sont un accessoire passif.

Cette notion du droit international étant la seule que la plupart d'entre eux possèdent jusqu'ici, *il est naturel* qu'ils la prêtent aux Français. Ils croient donc sincèrement, et ont fait partager leur opinion à beaucoup d'étrangers, que les Français prétendent aussi à la *possession* de ce pays.

Au contraire, les Français, à bien peu d'exceptions près, ne reconnaissent la légitimité d'*aucune possession de ce genre*. Ils n'envisagent dans un pays que sa population, et non le sol, qui en est l'accessoire. *S'il leur était prouvé que les Alsaciens-Lorrains veulent rester allemands*, **il n'y aurait pas de question d'Alsace-Lorraine à leurs yeux.**

16. — Or, les Français sont convaincus, à tort ou à raison, que les Alsaciens-Lorrains ne veulent pas rester allemands.

Ils demandent donc, non une guerre, dont personne ne veut, et qui, au lieu de résoudre la question, ne ferait que la remplacer par une autre, mais une *revision amiable du traité de Francfort*, ayant pour objet :

1° De consulter les Alsaciens-Lorrains sur leurs destinées futures, et de déférer à leur vœu librement exprimé, *quel qu'il soit* ;

2° Dans le cas où l'Asace-Lorraine cesserait d'appartenir à l'empire germanique, d'accorder à ce dernier une *juste compensation.*

17. — Certains Allemands reconnaissent bien que la population annexée est demeurée irréconciliable, mais déclarent ne vouloir tenir aucun compte de ce fait, par raison d'État. Ceux-là se placent en dehors de toute morale. L'opinion universelle, et particulièrement l'opinion des nombreux pays qui, jadis opprimés, ont reconquis leur indépendance, doit s'efforcer de les

amener à un niveau supérieur de civilisation.

Le meilleur argument à employer auprès d'eux est d'ailleurs précisément celui de la raison d'État. Là comme ailleurs, *c'est le juste qui est l'utile.* Et il suffit de posséder la moindre vue générale sur l'histoire et l'économie politique, pour comprendre que l'ami le plus dévoué ne saurait souhaiter à l'Allemagne *un bonheur plus grand*, que d'être délivrée du boulet qu'elle traîne après elle, et de gagner, par surcroît, l'amitié de la France.

18. — D'autres Allemands opposent un fin de non-recevoir analogue, en disant qu'il n'y a pas de question d'Alsace-Lorraine au point de vue international, parce que le sort de cette province a été réglé par un traité. A ceux-là, on répondra que ce traité ne saurait être plus intangible que tous ceux qu'il a annulés ; que les Français l'ont exécuté strictement, et qu'ils ne demandent pas à le déchirer, ni à l'éluder

d'une manière nuisible à l'Allemagne, mais à *le modifier d'un commun accord* et *dans l'intérêt de tous;* qu'enfin, entre deux nations, dont l'une élève pacifiquement et de bonne foi une demande de ce genre, et dont l'autre déclare cette demande irrecevable, il y a lieu de recourir à l'*arbitrage préliminaire* dont il a été question plus haut (§ 1).

19. — Enfin, d'autres Allemands, parmi ceux qui acceptent en principe notre idée du droit, déclarent tout débat inutile dans l'espèce, en soutenant fort sincèrement que la germanisation des Alsaciens-Lorrains est accomplie, au moins en ce qui concerne la majorité d'entre eux.

Ils sont bien peu nombreux à partager cette confiance, si contraire à l'évidence. Mais, quoi qu'il en soit, *les Alsaciens-Lorrains seuls* peuvent fixer l'Europe sur ce point, vital pour elle, puisqu'il entraînerait à bref délai la renonciation des Français.

20. — Il est inutile de parler de certains Allemands qui se disent acquis aux principes du droit des peuples, mais refusent d'en poursuivre l'application dans le cas présent, en alléguant la difficulté qu'il y aurait à les faire admettre par leurs compatriotes. On est en droit de suspecter la sincérité de gens qui, tout en se prétendant en possession d'une vérité supérieure, désertent la lutte et se mettent à la remorque des préjugés du vulgaire, à la destruction desquels ils auraient le devoir de travailler.

21. — En résumé, les hommes de cœur et de bon sens, en tous pays, doivent s'employer à déterminer une poussée de l'opinion en faveur de la revision pacifique, amiable ou par voie d'arbitrage, du traité de Francfort.

Et le but immédiat de ce mouvement doit être de faire comprendre à la nation allemande que, pour être en droit de se dire pacifique, il ne suffit pas de ne pas déclarer la guerre à ses voisins, mais il faut aussi consentir à *écouter* et à *discuter* leurs *réclamations sincères*; que le *non possumus* est un acte d'hostilité comme un autre; que, appliqué au *statu quo* territorial, il ne se distingue pas de la conception napoléonienne ou bismarkienne de la paix, ainsi résumée: « Prendre par la violence et garder par la force »; qu'à ce titre, il constitue pour tous les peuples une menace permanente, capable de susciter un jour une coalition formidable; enfin, et surtout, que, loin de devoir nuire à l'Allemagne, la revision de ce malheureux traité importe au plus haut point à **son intérêt bien compris**, autant qu'à **sa gloire**.

REMARQUE COMPLÉMENTAIRE. — Le droit de conquête, aboli en droit et en fait par la Révolution française, et malheureusement remis en pratique dans l'entraînement de la lutte contre l'Europe entière, a été de nouveau aboli en fait de 1815 à 1861; car les modifications territoriales survenues dans cet intervalle (Grèce, Belgique, États danubiens, France, Italie) furent toutes *conformes au vœu des populations* et accomplies *dans l'intérêt* de ces dernières. C'est la Prusse qui remit en vigueur le droit de conquête, en 1864, 1866 et 1871. Elle a été imitée depuis. Mais elle seule, en raison de la crainte qu'elle inspire, a échappé à toute observation des puissances. Les autres conquêtes violentes effectuées depuis 1871 ont été revisées, celles de la Russie par le traité de Berlin, celles du Japon sous la pression de trois grandes puissances... et l'Allemagne a pris part à ces deux manifestations! On peut rappeler encore la revision de clauses du traité de Paris par la Conférence de Londres.

Il n'y a donc rien d'insolite ni de choquant en principe à demander une revision amiable du traité de Francfort. Il faut noter d'ailleurs que ce traité, imposé sans discussion possible par une seule puissance à une autre, déchirait les traités de Westphalie, de Nimègue, de Ryswick, d'Utrecht et de Vienne, signés par l'Europe entière; celle-ci a donc bien son mot à dire, en présence de la rupture violente d'accords par lesquels elle avait entendu assurer son repos. En outre, il a été tourné par l'Allemagne dans la question de l'option des habitants, et violé formellement dans celle des passeports, et, pour ces raisons, la France serait fondée à le déclarer caduc.

IV. — Application.

22. — Pour être **équitable** et **efficace,** la revision du traité de Francfort doit avoir pour objet :

A.) De déterminer le sort des provinces contestées, conformément au **vœu, librement exprimé, de la majorité** des habitants ;

B.) D'assurer, de la façon la plus largement bienveillante, les **droits** de la **minorité,** en ménageant toutes les situations légitimement acquises dans le pays sur la foi des traités ;

C.) De fournir à l'Allemagne une **compensation équitable,** au cas où ce territoire cesserait de faire partie de l'empire ;

D.) De prouver à l'évidence, par des **concessions réciproques,** l'entière bonne foi des deux puissances et leur ferme volonté de rester en paix ;

E.) D'instituer entre elles les liens d'une **amitié durable.**

23. — Sur le point A.) La population de l'Alsace-Lorraine devra être consultée sur sa destinée future, ainsi définie : **France, Allemagne** ou **Indépendance**. Pour les précautions destinées à assurer la sincérité du vote et à restreindre l'agitation provoquée dans le pays (courte période préparatoire, vote le dimanche, etc.), voir l'ouvrage *l'Alsace-Lorraine devant l'Europe*, p. 131 et suivantes [1]. Le seul point, dans cet ordre d'idées, qui puisse présen-

1. Paris, Ollendorff, 1894 (sous le pseudonyme *Patiens*).

ter une difficulté relative, est la définition des catégories d'habitants qui jouiront du droit de vote (question des émigrés et des immigrés) ; mais il n'y a pas là de quoi arrêter sérieusement des négociateurs animés d'un sincère désir d'aboutir à une transaction, et ayant su trancher la grosse difficulté de principe.

B.) Quelle que soit la solution imposée par le vœu de la majorité, les membres de la minorité pourront rester dans le pays *en conservant la nationalité de leur choix*, suivant le précédent libéral créé par la France en Savoie et à Nice en 1860 ; ils jouiront à tous les égards du traitement de la *nation la plus favorisée*, ainsi que leurs enfants nés ou à naître ; peut-être pourrait-on, tout au plus pour la troisième génération restée dans le pays après le changement de régime, envisager l'hypothèse d'une mise en demeure de se faire naturaliser. Ce détail est d'ailleurs conforme à la loi française : est Français tout enfant né en France de parents étrangers nés eux-mêmes en France. Etant données les circonstances, l'existence d'une semblable colonie étrangère ne présenterait aucunement les inconvénients que l'on serait tenté de lui attribuer (voir sur ce point l'ouvrage précité).

C.) La compensation éventuelle à fournir à l'Allemagne pourra consister en un territoire colonial, ou une indemnité pécuniaire, ou la combinaison des deux ci-dessus. Elle sera déterminée *avant le vote* des habitants, en vue des *deux hypothèses* qui pourront y donner lieu, c'est-à-dire, soit pour le cas du retour à la France, soit pour celui de la formation d'un Etat indépendant.

D.) Quelle que soit la situation résultant du vote, la France et l'Allemagne « **désarmeront** » chacune *une bande de territoire le long de sa nouvelle frontière*, c'est-à-dire qu'au lieu d'accumuler dans ces régions, en face l'une de l'autre, de véritables armées prêtes à entrer en ligne, elles se borneront à y entretenir les forces reconnues d'un commun accord strictement suffisantes pour le maintien de l'ordre, et que toutes les forteresses y seront démantelées. Bref, ces territoires seront rendus **inoffensifs** (Voir encore l'ouvrage précité, pour le détail de cette proposition).

En arrière de ces zones, les puissances pourront conserver l'état militaire qui leur conviendra, et il est évident qu'elles se borneront, au début, à faire reculer à la distance convenue leurs formidables troupes de couverture actuelles. Mais il est non moins clair qu'au bout de quelques années ainsi passées sans encombre, elles réduiront d'elles-mêmes, progressivement, ces couvertures *reconnues inutiles*, et que le désarmement résultera ainsi logiquement de la *logique des faits*.

E.) La France et l'Allemagne concluront une alliance, ou, pour employer une expression qui ne puisse inspirer de craintes à personne, un **traité d'amitié**, dont *tous les articles seront publiés*, et dont la tendance nettement pacifique sera établie par les dispositions suivantes :

1° Conclusion entre elles d'un **traité d'arbitrage permanent ;**

2° **Alliance économique** complète (*Zollverein*) ;

3° **Alliance militaire défensive** excluant toute possibilité d'une politique agressive à l'égard des tiers. A cet effet, chacune des deux puissances s'engagera vis-à-vis de l'autre à **proposer l'arbitrage pour tout litige s'élevant entre elles et une tierce puissance;** et elles se devront **main-forte**, si la tierce puissance refuse l'arbitrage, ou ne se soumet pas à la sentence rendue, ou, à plus forte raison, en cas d'agression inopinée, mais *dans ces trois cas seulement* [1] ;

1. Je me permets d'attirer l'attention sur cette clause, que, de même que celle des « zones désarmées », je crois nouvelle. Les traités d'alliance défensive conclus jusqu'à ce jour ont toujours constitué une menace contre les tiers, plus ou moins

Enfin, entretien à frais communs, à Strasbourg, d'une *Université-modèle franco-allemande*, destinée à rendre l'Alsace à sa mission naturelle d'intermédiaire et de trait-d'union entre les deux grandes civilisations de l'Europe centrale.

V. — Détails d'exécution.

(*N.-B.* — Le croquis n° 1 [page suivante] donne le détail des zones désarmées dont il va être question. Les noms des places fortes sont soulignés).

21. — 1re *hypothèse : L'Alsace-Lorraine redevient française* (croquis n° 2).

heureusement déguisée; tout au moins les tiers en jugeaient-ils ainsi. Leurs rédacteurs n'avaient en vue que l'établissement en commun d'une certaine prépondérance, ou le maintien d'une situation acquise, non le respect de la justice et le maintien de la paix dans la limite du possible, c'est-à-dire avec aide mutuelle en cas de légitime défense. La forme du traité que j'ai proposé dans mon *Alsace-Lorraine devant l'Europe*, visiblement inspirée de la Triple-Alliance, n'échappait pas à ce reproche.

Depuis lors, j'ai imaginé cette clause liant le *casus fœderis* au refus de l'arbitrage par les tiers. J'ai confiance qu'on y verra une base acceptable pour la rédaction d'un traité-type d'alliance défensive entre deux États pacifiques. (Voir plus loin, p. 240).

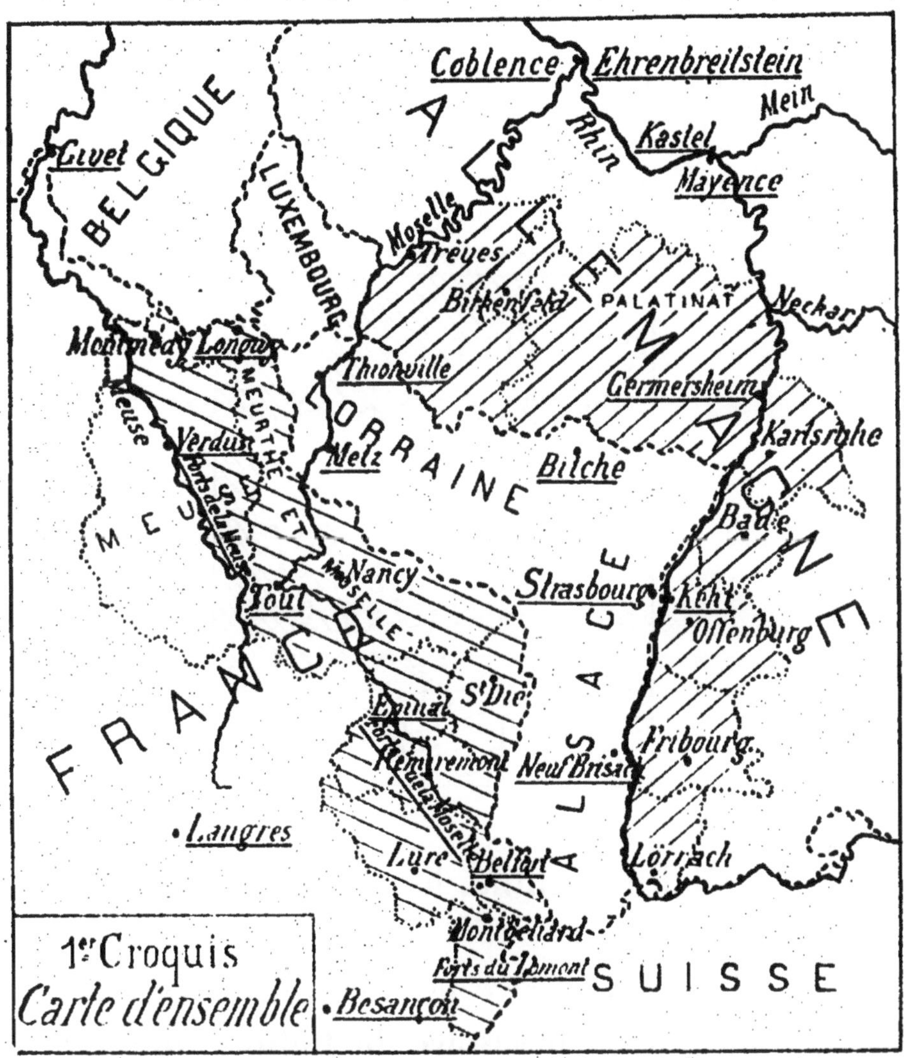

1er Croquis
Carte d'ensemble

Les habitants qui, dans un délai donné après le plébiscite, déclareront vouloir rester sujets allemands, conserveront cette qualité avec les garanties spécifiées plus haut (§ 23, B).

La France servira à l'Allemagne, dans

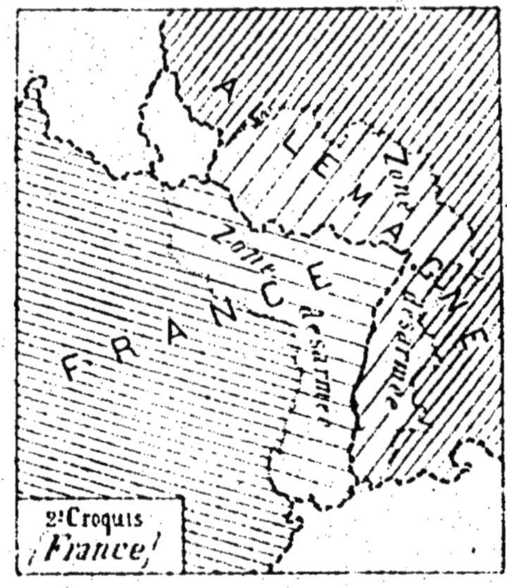

2e Croquis (France)

un délai déterminé, la compensation convenue.

Elle désarmera le territoire restitué, ainsi que le territoire de Belfort, qui s'y rattache stratégiquement, dans les conditions spécifiées plus haut (§ 23, D). L'Allemagne désarmera de même une zone sensiblement équivalente, située le long de la frontière, et comprenant le Palatinat, une portion de la Prusse Rhénane et du duché de Bade (par exemple, la plus grande partie du district de Trèves, la principauté de Birkenfeld, le Palatinat et les cercles de Karlsruhe, Bade, Offenburg, Fribourg et Lörrach).

Les deux pays concluront entre eux le traité d'amitié défini au § 23, E.

25. — 2e *hypothèse : L'Alsace-Lorraine devient indépendante* (croquis n° 3).

Les habitants qui, dans un délai donné après le plébiscite, déclareront, soit vouloir rester sujets allemands, soit vouloir devenir citoyens français, pourront rester dans le pays, en l'une ou l'autre de ces qualités, avec les garanties spécifiées plus haut.

Le nouvel Etat fournira à l'Allemagne la compensation qui aura été convenue à l'avance. Il va de soi que cette compensation sera moins considérable que dans le cas précédent, et qu'elle ne pourra être que pécuniaire ; par exemple, l'Alsace-Lorraine, tout en assumant sa quote-part dans la dette de l'empire germanique et en conservant celle qui lui est propre, paiera à l'Allemagne une indemnité correspondant aux propriétés que l'Empire possède dans le Reichsland et aux dépenses qu'il y a faites pour les travaux publics. On pourra même examiner, dans les négociations préliminaires, la question de savoir s'il ne conviendrait pas que la France contribuât à arrondir cette indemnité ; il est si vrai que les Français n'ont en vue que de délivrer les Alsaciens-Lorrains d'une domination qui leur pèse, que, sans aucun doute, ils accorderaient bien volontiers ce point.

L'Alsace-Lorraine, devenue indépendante, sera proclamée neutre, et désarmée. Il faut entendre par là qu'on ne se bornera pas à la douer de cette neutralité précaire, pour ne pas dire illusoire, que la Belgique et la Suisse sont actuellement obligées d'appuyer par des armements aussi lourds que ceux des puissances militaires; elle sera effectivement « désarmée », comme il est défini plus haut, et protégée par les dispositions suivantes :

L'Allemagne « désarmera » de même la zone-frontière longeant l'Alsace-Lorraine, dont il a été question à propos de l'hypothèse précédente. Et la France, de son côté, « désarmera » une zone équivalente, le long de la frontière du nouvel État; cette région pourrait comprendre, par exemple, le département de Meurthe-et-Moselle, celui de la Meuse jusqu'à la rivière Meuse, et les arrondissements d'Epinal, Saint-Dié, Remiremont, Lure, Belfort et Montbéliard (Voir le croquis, p. 232).

De cette manière, la France et l'Allemagne, établissant entre elles, d'un commun accord, une *triple ligne de territoires inoffensifs*, rendraient évidente leur ferme volonté de ne rien entreprendre, ni contre l'Alsace-Lorraine, ni l'une contre l'autre. Et pour cela, rien ne les obligerait à diminuer d'un seul homme leur état militaire actuel, avant le moment — qui ne tarderait pas à venir — où il conviendrait à chacune de commencer spontanément le désarmement pour son compte. Pour l'instant elles s'engageraient seulement à retirer le gros de leurs forces, l'une derrière la Meuse, la Moselle, la chaîne des Ballons et la trouée de Belfort, l'autre, derrière les montagnes du Palatinat et le Rhin, ce qui ne saurait restreindre ni leur indépendance ni leur sécurité.

Enfin les deux pays concluront, entre eux et avec le nouvel Etat, le même traité d'amitié que dans le cas précédent.

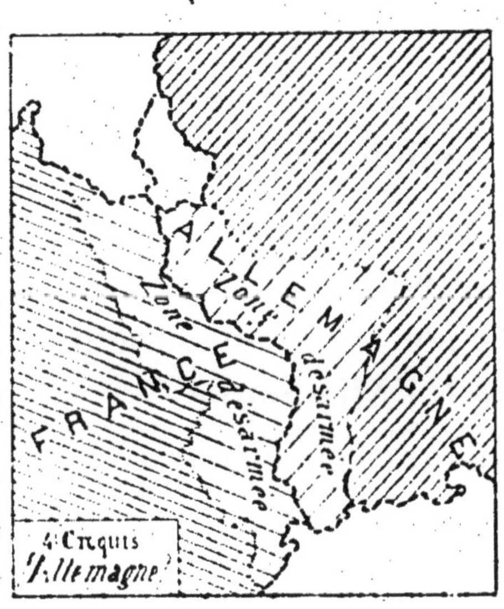

26. — 3e *hypothèse : L'Alsace-Lorraine reste allemande* (croquis n° 1).

Dans ce dernier cas, l'arrêt populaire une fois rendu, ceux des habitants qui, dans un délai déterminé, auront déclaré vouloir devenir citoyens français, acquerront cette qualité tout en restant dans le pays avec les garanties spécifiées plus haut.

L'Alsace-Lorraine, qui est actuellement un « Reichsland », c'est-à-dire une possession indivise des différents pays de l'empire, quelque chose comme une colonie, sera désormais autonome et placée sur un pied de complète égalité avec les autres États allemands. Elle se donnera librement la Constitution qui lui conviendra.

Il va de soi qu'il ne sera payé aucune indemnité à l'Allemagne.

L'Allemagne désarmera l'Alsace-Lorraine, et la France désarmera la zone limitrophe qui a été définie à propos de l'hypothèse précédente.

Enfin, traité d'amitié, comme plus haut.

(Mai 1896. — 25e anniversaire).

Du droit de légitime défense
et
De la clause arbitrale
considérée comme
Fondement des traités d'alliance défensive [1]

I

1. — On a pu soutenir, non sans apparence de raison, que le Parti pacifique n'a pas à s'occuper des traités d'alliance, quels qu'ils soient.

1. Ce mémoire a été présenté au Congrès universel de la Paix de 1897 : mais ses conclusions n'ont pas été discutées par suite d'un malentendu, la Commission compétente ayant considéré, contrairement aux indications du paragraphe 1er, qu'elles concernaient la réglementation de la guerre. Toutefois, la définition du droit de légitime défense (§ 11) a été prise en considération par la Commission chargée de rédiger le Code international.

Cette abstention est motivée, dans l'esprit de ses partisans, sur ce que les traités d'alliance se concluent en prévision d'une guerre, dont ils seront un des facteurs essentiels, et qui est ainsi leur véritable raison d'être. Or, observe-t-on justement, notre rôle n'est pas d'étudier et de réglementer la guerre et les conditions dans lesquelles elle se fait, mais de chercher à la rendre de plus en plus rare, en attendant sa disparition définitive.

Mais ce raisonnement n'est que spécieux. Il s'appliquerait bien à une convention militaire conclue au moment même de l'entrée en campagne et pour la durée des hostilités seulement ; il est insuffisant quand il s'agit de traités d'alliance. Ces derniers sont bien conclus, il est vrai, en prévision d'une crise ; mais leur intention, réelle ou prétendue, leur résultat, atteint ou non, est de conjurer cette crise; et, en dehors de la catastrophe, qui ne se produira peut-être même pas pendant qu'ils seront en vigueur, ils régissent durant de longues années la vie de tous les peuples, et non pas seulement de ceux qui y sont directement intéressés.

Ils sont donc un élément important de cet état qui n'est pas la guerre proprement dite, mais qui n'est pas davantage la paix, et qu'on nomme la paix armée. Et de là résulte que leur étude, loin de nous être interdite, s'impose à notre attention.

Nous ne devons pas, en effet, considérer comme suffisant qu'ils contribuent à écarter momentanément une guerre déterminée — d'autant plus que c'est souvent une hypothèse toute gratuite que d'affirmer que telle guerre, non survenue, a été réellement empêchée par l'existence d'un tel traité. Il faut en outre, pour qu'un semblable traité soit bon, qu'il contribue à diminuer la légitime inquiétude qu'engendre la paix armée; qu'il tende à rapprocher l'humanité de son idéal de justice universelle: en un mot, qu'il soit d'accord avec les principes du droit des peuples sur lesquels s'édifie en ce moment le Code international.

Ainsi la conception morale qui est à la base du mouvement pacifique peut influer de la manière la plus utile sur la rédaction des traités d'alliance. Inspirés d'elle, ils deviendront des agents efficaces de l'évolution qui doit abolir l'actuelle anarchie internationale.

2. — On distingue les traités d'alliance offensive et défensive, ayant pour objet de conquérir et de conserver, des traités d'alliance défensive, ayant simplement pour objet de conserver.

Nous n'avons pas à considérer les premiers. Nous serions déjà en droit de les négliger par principe ; car ils sont évidemment en dehors de toute morale politique, et l'on ne saurait perfectionner ce qui est immoral en soi.

Mais, en outre, tel est le progrès déjà réalisé par la conscience publique, qu'ils semblent, dès maintenant, être une chose du passé. Deux puissances qui inscriraient aujourd'hui dans un traité les mots d' « alliance offensive » seraient l'objet de la réprobation générale. En fait, les principaux traités actuellement en vigueur sont maintenus secrets ; et le seul détail qu'on en connaisse, d'après les assurances formelles que les puissances intéressées ne cessent d'en donner, est précisément leur caractère strictement défensif.

Ces affirmations répétées sont caractéristiques du progrès moral mentionné plus haut. Mais elles ne suffisent à rassurer que les esprits relativement confiants ou superficiels. Si l'on ne s'en tient pas à la lettre des expressions employées, et qu'on cherche à pénétrer l'esprit des traités actuels pour en discerner les conséquences possibles, on reconnaîtra que, tout en ayant pour objet de préserver l'ordre de choses existant contre toute attaque violente — et peut-être parce qu'ils ont ce seul objet — ils ne présentent aucunement les garanties qu'impliquent les mots de défensive et de paix.

L'objet de la présente étude est de rechercher comment ces garanties peuvent y être introduites.

II

3. — Deux puissances conviennent que, si l'une d'elles est attaquée, l'autre devra lui prêter main-forte. A première vue, cette stipulation peut sembler précise, et facile à mettre en pratique.

Mais que de difficultés, dès qu'on cherche à définir ces mots « être attaqué » !

On sait à quelles discussions donne parfois lieu l'attribution de la qualité d'offensé dans un duel, au lendemain même d'une querelle survenue entre deux individus isolés. Or, les préliminaires d'une guerre sont infiniment plus longs et plus complexes que ceux d'un duel ; les négociations sont conduites, non par des témoins, étrangers aux causes du débat, mais par les intéressés eux-mêmes ; et la bonne foi, qui est de rigueur entre galants hommes, est au contraire absolument exclue entre Etats : jamais il n'arrive qu'une nation reconnaisse à sa rivale l'équivalent de cette qualité d'offensé.

Aussi ne saurait-on soutenir qu'en toute circonstance le véritable agresseur, au sens moral du mot, soit l'Etat qui a commis le premier acte matériellement hostile, c'est-à-dire celui qui a déclaré la guerre, ou franchi le premier la frontière. En règle générale, celui-là se prétend toujours contraint à l'action par les agissements de l'adversaire ; et bien souvent, en effet, la responsabilité du sang versé incombe à ce dernier, dont la politique a su provoquer chez l'adversaire une effervescence capable de l'entraîner à cette démarche décisive : se faire déclarer la guerre est l'A B C de la diplomatie. Aussi l'histoire abonde-t-elle en exemples de guerres sur les origines desquelles on est encore à disputer.

Or, s'il est parfois si difficile de faire la lumière sur ces points, après de longues années, quand le calme s'est rétabli dans les esprits, et que l'on dispose de documents de toute provenance, comment songer à départir équitablement les responsabilités au milieu de la surexcitation générale, et au vu de documents unilatéraux, plus ou moins triés et frelatés pour les besoins d'une cause? Et quelle base solide un traité d'alliance peut-il trouver dans un élément aussi fuyant que cette responsabilité de la provocation?

4. — Pour ces raisons, on a imaginé de lier le *casus fœderis* au fait de l'envahissement du territoire de l'une des puissances contractantes.

Il est impossible de considérer cette stipulation comme un progrès sensible, car elle permet à des alliés peu scrupuleux d'engager le plus aisément du monde une véritable guerre offensive, sous couleur de légitime défense. On se convaincra facilement de ce fait au moyen de l'exemple suivant, pris arbitrairement hors d'Europe, pour écarter tout soupçon d'allusion malveillante. Supposons qu'une grande puissance, telle que la Chine, veuille faire la guerre à une autre, par exemple à l'Angleterre ou à la Russie, en conservant l'apparence de bon droit résultant d'un semblable traité. Elle s'alliera « défensivement » à l'émir d'Afghanistan, en le garantissant contre l'invasion. Puis, elle conviendra secrètement avec lui qu'il suivra une politique provoquante, aboutissant à la guerre avec le pays visé. Comme on ne connaît pas d'autre moyen d'amener à composition une puissance continentale que d'envahir son territoire, il est clair que les armées anglaises ou russes pénétreront en Afghanistan. Alors le *casus fœderis* existera, et la Chine se portera au secours de son allié, en arguant de sa situation de défenseur d'un Etat envahi.

On voit donc que dans les traités d'alliance tels qu'on les conclut aujourd'hui, la qualification de « défensive » ne répond à aucune garantie précise ; il dépend toujours d'une politique astucieuse de les transformer en instruments d'agression.

5. — Mais il y a plus. Un semblable traité est une cause permanente de danger, car les tiers peuvent le considérer comme une offense gratuite, aussi bien que comme un déni brutal opposé à toute revendication légitime et de bonne foi. Il est impossible en effet de contester le caractère blessant d'une précaution militaire prise contre des intentions malveillantes que l'on prête aux autres nations en général, ou à telle nation spécialement désignée. Si deux hommes se promettent publiquement une aide mutuelle pour le cas où l'un d'eux serait attaqué par un troisième, celui-ci est certes en droit de se sentir blessé de la supposition. Pareillement,

l'état de suspicion réciproque où se tiennent actuellement les grandes puissances européennes ne saurait être considéré comme un élément de pacification.

A un autre point de vue, d'ailleurs, on peut remarquer qu'un grand nombre de guerres ont été provoquées par les « précautions » que des puissances voisines prenaient simultanément, sous forme de concentrations de troupes à la frontière, qu'elles se sommaient ensuite mutuellement de disperser. Or, qu'est-ce qu'une alliance, sinon une promesse de renforcer l'armée amie dans telles circonstances éventuelles, sinon une concentration « en puissance » ?

6. — Le caractère blessant des traités d'alliance actuels est grandement accru par le secret que l'on garde au sujet de leur teneur. Les gouvernements ont beau déclarer n'avoir signé que des conventions éminemment pacifiques, tant de mystère ne dit rien qui vaille. Les puissances aux-

quelles on cache ainsi l'objet et les conditions d'une alliance sont en droit de se livrer à toutes les suppositions et d'estimer qu'on a signé un acte attentatoire à leurs droits et à leur sûreté. Il est fort naturel qu'elles en conçoivent un violent ressentiment.

7. — D'autre part, une alliance défensive est définie, on l'a vu plus haut, celle qui a pour objet de conserver. Mais de conserver quoi? Evidemment, une situation acquise, considérée comme avantageuse par la puissance qui en veut le maintien. Or, on sait quelle est la seule situation que, suivant les errements de la politique actuelle, une grande puissance considère comme avantageuse, et même comme lui étant légitimement due : c'est la prépondérance politique, l'hégémonie. Au fond, toutes les alliances dites défensives relèvent donc de ce mobile : maintenir une certaine hégémonie, ou détruire celle du voisin.

Ainsi, une alliance se formera en vue de préserver un état de choses déterminé, lequel, bien entendu, a été créé par la force. Il est évident que les Etats restés en dehors d'elle la considèreront comme un instrument d'oppression, puisqu'elle aura pour objet de perpétuer, *per fas et nefas*, un ordre qu'ils ont été contraints de subir. Ils formeront donc une contre-alliance (également « défensive », cela va de soi) ; ils voudront, en effet, appuyer leur diplomatie sur une force matérielle qui lui permette de substituer leur suprématie, ou tout au moins l' « équilibre », à l'hégémonie des premiers. Mais pour ceux-ci, perdre la prépondérance, fût-ce pour arriver à un simple équilibre, est une diminution qui leur semble intolérable : ne plus être les premiers équivaut, à leurs yeux, à l'établissement de la prépondérance adverse.

8. — En résumé, les traités d'alliance défensive, tels qu'on les conclut de nos

jours, se prêtent également à une politique agressive, que le *casus fœderis* consiste dans la déclaration de guerre faite par des tiers, ou dans l'invasion du territoire d'un des alliés. Le fait même de leur conclusion a quelque chose de blessant pour les tiers, et cette impression est particulièrement légitime quand ils sont maintenus secrets. Enfin, en dernière analyse, ils ont pour objet, plus ou moins dissimulé, l'établissement ou le maintien d'une certaine suprématie, c'est-à-dire de quelque chose d'absolument illégitime ; et, en ce sens, ils portent atteinte aux droits primordiaux et aux susceptibilités des tiers.

On ne saurait donc en aucune façon, malgré les protestations dont leurs auteurs sont si prodigues, les considérer comme des garanties de paix. Ils doivent être comptés, au contraire, parmi les causes les plus importantes du malaise dont souffre l'Europe.

III

9. — L'adoption de deux clauses arbitrales particulières, qui vont être développées maintenant, suffirait à retourner cette situation fâcheuse.

En premier lieu, tout traité d'alliance devrait instituer l'arbitrage permanent entre les puissances contractantes. Il devrait être à peine besoin d'insister sur ce point.

Le premier Congrès universel de la Paix (Paris, 1889) a émis le vœu que, d'une manière tout à fait générale, « une clause d'arbitrage soit insérée dans tout traité et que, cette clause ayant été admise, l'acceptation de l'arbitrage soit obligatoire et non pas facultative ». Il était expressément entendu d'ailleurs que ce ne devait être là qu'un premier pas vers l'introduction du principe de l'arbitrage dans la Constitution de chaque État, et vers l'institution d'une juridiction internationale permanente. Et depuis, on a pu remarquer fort justement que, de nos jours, un traité qui ne comporte pas la clause compromissoire, c'est-à-dire un traité dont les signataires reconnaissent implicitement que la force seule sera juge de leurs différends éventuels, n'est pas un traité de bonne foi.

Or, s'il existe des États entre lesquels la clause arbitrale soit facile à établir, et s'impose même, ce sont assurément ceux qui ont conclu une alliance entre eux.

Sur le premier point — la facilité de convenir de la clause arbitrale —, aucun doute n'est possible. Il est clair en effet qu'une alliance engage les États contractants bien plus que ne peut le faire un traité d'arbitrage permanent, puisqu'elle les oblige à prendre éventuellement les armes pour une querelle qui n'est pas la leur. Et qui peut le plus, peut le moins.

Quant à l'utilité, à la convenance même de cette disposition, elle est moins évidente. On peut se demander si les puissances contractantes ne verront pas dans la clause arbitrale l'expression d'un doute de mauvais augure sur la solidité de leur amitié, et si elles ne préfèreront pas observer un silence prudent. A cela, il est aisé de répondre que, si intimement que deux nations soient unies par leurs intérêts et leur sympathie réciproque, et même par un traité d'alliance, des difficultés ou des contestations peuvent à chaque instant s'élever entre elles ; on peut même dire que ces contestations seront d'autant plus fréquentes qu'il y aura plus d'intérêts communs. Et il y a vraiment quelque puérilité à vouloir se dissimuler à soi-même la possibilité de ces inévitables incidents : c'est pratiquer la politique de l'autruche.

Or, il est évident que deux États qui ont confondu leurs destinées au point de contracter une alliance, ne sauraient admettre la possibilité qu'une guerre éclate entre eux. Leur amitié même leur fait un devoir de convenir d'un mode permanent de règlement amiable pour tout différend pouvant survenir entre eux.

Il faut remarquer enfin qu'un traité d'alliance est essentiellement temporaire. A son expiration, les nations qu'il liait redeviennent étrangères l'une à l'autre, sans qu'il subsiste rien de leurs obligations antérieures, alors qu'il devrait en rester pour le moins une garantie de relations pacifiques dans l'avenir.

D'où cette conclusion, que tout traité d'alliance devrait être en même temps un traité d'arbitrage permanent : et sa clause compromissoire devrait être stipulée pour une durée supérieure à celle de l'alliance, et serait aussi renouvelable pour des périodes plus longues.

10. — Cela posé, si nous revenons à l'essence même d'un traité d'alliance réellement pacifique, nous trouvons qu'elle peut être précisée comme il suit :

Une alliance strictement défensive est celle qui assure à chacun des contractants le secours de l'autre, ou des autres, en cas de légitime défense, et dans ce cas seulement ;

Qui facilite la prise en considération et la discussion devant arbitres impartiaux de toute réclamation de bonne foi, soulevée par ou contre une des puissances contractantes ;

Qui ne se prête à l'adoption, par aucun des contractants, d'une politique d'agression à l'égard des tiers ;

Qui ne manifeste ou n'implique de suspicion à l'égard d'aucun tiers déterminé.

Tous ces termes sont évidemment contenus dans le premier, à la condition de définir sainement en quoi consiste la légitime défense.

11. — Or, en dehors du cas évident d'une agression inopinée, le droit de légitime défense peut être invoqué contre un Etat dont la conduite prouve clairement, en cas de différend, qu'il ne reconnaît que l'empire de la force.

Nous dirons donc en principe : *Il y a légitime défense contre un Etat auquel est loyalement offert le moyen de résoudre juridiquement un différend donné, et qui décline cette offre, ou en annule pratiquement les effets* [1].

Donc, finalement, il y a légitime défense :

1° Contre un Etat qui, ayant été convié à soumettre un différend à l'arbitrage, repousse cette proposition en principe, ou en rend l'application impossible ;

2° A plus forte raison, contre un Etat qui, une sentence arbitrale ayant été rendue, refuse de s'y soumettre ;

3° A plus forte raison encore, contre un Etat qui en attaque un autre inopinément, c'est-à-dire sans pourparlers préliminaires

1. On remarquera que je ne m'occupe pas ici de la cause du différend donné. Ce qui nous intéresse, c'est uniquement la modalité suivant laquelle le différend existant sera tranché. Celle des parties litigantes qui accepte la solution juridique est évidemment pacifique et de bonne foi. Sa situation est bien celle de la défensive, dans l'acception militaire du mot.

tendant à la conciliation ou sans déclaration de guerre.

12. — En résumé, pour que des puissances concluent une alliance qui leur assure un secours réciproque en cas de légitime défense, et qui exclue toute possibilité de concert en vue d'une action offensive, il faut qu'elles offrent loyalement aux tiers le moyen de résoudre juridiquement tout différend éventuel, et que le *casus fœderis* soit lié à l'impossibilité d'une semblable solution, résultant du fait de ces tiers. Et il faut en outre que ce traité, conclu au grand jour, soit publié dans tous ses détails.

C'est d'après ces considérations que je propose au VIIIe Congrès universel de la Paix l'adoption de la résolution suivante :

« Le Congrès, considérant le vœu précédemment émis en faveur de l'introduction de la clause arbitrale dans tous les traités, recommande notamment, à titre de première mesure, facile à réaliser dès maintenant, l'introduction de cette clause dans les traités d'alliance.

« D'autre part, le Congrès émet l'opinion que, pour qu'un traité d'alliance puisse être considéré comme réellement défensif et pacifique, il doit reposer sur les bases suivantes :

I. Les puissances contractantes s'engageront à prêter main-forte à celle d'entre elles qui subirait une agression inopinée de la part d'une tierce puissance quelconque.

II. En outre, chacune d'elles s'engagera vis-à-vis de l'autre (ou des autres) à proposer l'arbitrage au sujet de tout litige pouvant s'élever entre elle et une tierce puissance, au cas où elle ne serait pas déjà liée à cette dernière par la clause arbitrale. Et toutes les puissances contractantes seront solidaires de leur alliée litigante et lui devront main-forte :

1° Si la tierce puissance refuse de soumettre la question à l'arbitrage ;

2° Si la tierce puissance ne se soumet pas à la sentence rendue.

III. Le *casus foederis* est strictement limité aux trois cas ci-dessus indiqués aux articles I et II.

IV. Toutes les clauses du traité seront portées à la connaissance de toutes les puissances, intégralement et sans restriction aucune. »

Paris, avril 1897.

Comment se fera le désarmement[1].

(Réflexions économiques et militaires).

On trouverait difficilement en Europe quelqu'un pour soutenir que la Paix armée actuelle soit un état normal et définitif. Chacun sent, plus ou moins nettement, qu'elle est un anachronisme au sein de notre civilisation, et qu'elle ne peut manquer de faire place à quelque chose d'autre, à la paix sans armes, c'est-à-dire à la paix non imposée mais librement consentie, à « la paix » tout court.

Mais quelle est la méthode qui pourra

1. Extrait d'un mémoire présenté au Congrès universel de la Paix de 1897.

bien créer l'état juridique international, en accordant enfin la morale politique avec la morale privée? Et combien de temps demandera cette transformation de l'Europe? Ne serons-nous pas, bien avant qu'elle soit effectuée, entraînés aux pires catastrophes? C'est ici que commencent les divergences.

L'objet du présent travail n'est pas de tenter — lui millième — cette recherche malaisée. On se propose simplement d'examiner suivant quel mécanisme s'effectuerait le désarmement — à supposer qu'il eût d'abord été rendu possible; et cela, surtout pour répondre à une objection qui, soulevée par des partisans du militarisme, est parvenue à inspirer à quelques personnes un doute bien inattendu sur les avantages économiques de cette mesure.

*
* *

Un fait domine toute discussion relative

aux questions de paix et de guerre. C'est que tous les peuples, sans exception aucune, sont fermement attachés à la paix. Sans doute, l'ignorance dans laquelle ils vivent encore, l'atavisme résultant de longs siècles de barbarie, sont cause qu'ils restent facilement accessibles aux excitations guerrières : de même un homme en voie de guérison du vice d'ivrognerie, est exposé à y retomber brusquement.

Et le cas est aggravé par ce fait que les excitations en question, invariablement parées de motifs généreux en apparence, sont toujours suscitées par des hommes relativement instruits, aux suggestions desquels la foule est accoutumée à obéir. Mais, dans ce qu'il est permis d'appeler leurs périodes de bon sens, les peuples sont foncièrement pacifiques — ce qui accroît d'ailleurs la culpabilité des fauteurs de haines internationales.

Cette conviction s'impose à tout homme impartial et de sang-froid. Mais alors même que cela ne serait pas, on devrait encore, par un pieux mensonge, affecter de penser ainsi : c'est en répétant à un peuple qu'il est pacifique, au moment même où ses véritables ennemis s'efforcent de lui inculquer des velléités guerrières et sont peut-être sur le point d'y parvenir, qu'on aura chance de le maintenir dans la bonne voie.

Mais, encore une fois, ce subterfuge est inutile : sans aucun doute les peuples sont pacifiques.

*
* *

Et néanmoins ils tolèrent qu'on les ruine en armements, dont l'effet ne saurait être que d'accroître les chances de guerre ; et, parfois, il arrive qu'ils devancent leurs gouvernements, et demandent d'eux-mêmes une augmentation du fardeau qui les écrase. D'où vient cette contradiction ?

Elle provient de ce que chaque peuple a

été amené à croire, soit par les souvenirs des guerres du passé, soit par sa simple ignorance, que les peuples voisins sont de tempérament guerrier et conquérant. Chacun admet les armements, à titre de mesure de préservation, comme un mal rendu nécessaire par le souci de sa légitime défense. Et d'ailleurs, on n'ose les lui présenter que comme tels ; de nos jours, il n'existe pas un gouvernement qui ne répudie à toute occasion toute intention agressive.

Si donc chaque nation a un vif désir de conserver la paix, elle ne veut pas moins assurer son indépendance, sa défense contre les nations voisines, injustement réputées agressives. C'est là un fait avec lequel il est indispensable de compter. Toute mesure qui aurait pour résultat — effectif ou apparent — d'affaiblir la puissance défensive d'une nation, sera repoussée par elle, et cela fort justement ; car celui qui croit sincèrement sa liberté menacée a le droit et même le devoir d'en assurer la défense. Dans l'état actuel des esprits, caractérisé par l'exaspération des méfiances internationales, toute proposition que ses adversaires pourront représenter comme menant à un tel affaiblissement ne peut aboutir qu'à déconsidérer sans profit ceux qui auraient l'imprudence de l'émettre. Et rien ne servirait de déclarer que le voisin s'est engagé à prendre pareille mesure; car personne ne croit à la bonne foi de ce voisin.

Aussi n'existe-t-il pas d'utopie plus vaine, et peut-être plus dangereuse, que celle d'un désarmement simultané, résultant d'une convention internationale.

Avant d'espérer que les nations se prêtent à une réduction de leur puissance militaire, il faut leur faire comprendre que cette puissance est inutile; et quand cela sera obtenu, c'est-à-dire quand elles apprécieront sainement leurs intentions réciproques, leurs armes tomberont d'elles-mêmes, sans qu'il soit besoin d'aucune convention internationale. C'est ainsi que les hommes ont perdu l'habitude de se promener armés jusqu'aux dents. Si je n'hésite pas à sortir sans armes le soir, dans une ville inconnue, c'est parce que je sais bien que les habitants ne songent pas à m'attaquer, et même qu'ils me prêteraient main-forte, au cas où par impossible un d'eux le tenterait; sinon, personne ne m'empêcherait de me munir d'un bon revolver, et même de plusieurs, si j'avais le moyen de les acheter et la force de les porter.

Au reste l'histoire mentionne une proposition officielle et sincère de désarmement, malheureusement trop peu connue, et dont l'échec montre combien toute tentative de ce genre est illusoire, si elle ne repose pas sur le fondement solide et indispensable de la confiance réciproque[1].

1. Je fais allusion ici aux tentatives répétées de Napoléon III, en vue d'amener un désarmement européen. On ignore généra-

En résumé, nous ne saurions trop le répéter : le désarmement ne saurait être un moyen, mais un résultat. La pacification de l'Europe n'est pas une question de conventions arbitraires, c'est une *question morale*. Avant d'obtenir le désarmement, il faut créer ce que M. Frédéric Passy appelait excellemment *l'esprit de désarme-*

lement que ce monarque, qui fit tant de guerres, avait pour idée fixe le désarmement et la fédération européenne : il voulait le bien, et passa toute sa vie à faire le mal ! Dès 1863, il proposait aux Puissances de réunir un Congrès pour la revision amiable des traités de 1815 et le désarmement général. En 1865 son discours du trône, à l'ouverture des Chambres, déplorait à ce propos l'indifférence que les autres souverains avaient montrée à l'égard des « véritables intérêts des peuples ». En février 1870, il négociait avec l'Angleterre pour que celle-ci l'aidât à vaincre la résistance de la Prusse, et il annonçait qu'il ferait le premier pas, en réduisant, à titre d'indication, le prochain contingent ; cette réduction, disait-il, serait de 10.000 hommes seulement, à raison de l'abstention de la Prusse : autrement, elle eût été plus forte. En effet, le 21 *mars* 1870, ses ministres déposèrent un projet de loi ramenant le prochain contingent de 100.000 à 90.000 hommes. Ce projet fut voté par le Corps Législatif le 1er *juillet* 1870, en plein incident Hohenzollern. La dépêche d'Ems est du 13 juillet, la déclaration de guerre, du 15 ! (Voir le *Moniteur officiel de l'Empire français* des 6 novembre 1863, 16 février 1865, 22 mars et 2 juillet 1870, la *Revue Bleue* du 15 avril 1893) et la *Revue de Paris*, 15 mai 1899).

ment, c'est-à-dire répandre partout l'esprit de renoncement aux conquêtes, ou autrement dit la reconnaissance du droit des peuples ; de là résultera la confiance réciproque, suivie du désarmement progressif et spontané.

*
* *

C'est ici qu'intervient l'objection inattendue à laquelle je faisais allusion en commençant. Diverses personnes ont émis la crainte que le licenciement des armées, rendant brusquement à la vie civile des centaines de milliers d'hommes, ne vienne à provoquer une crise industrielle sans précédent : « Dans notre société déjà encombrée de sans-travail, que faire de ces bras supplémentaires ? Ou bien les soldats libérés ne trouveront pas à gagner leur vie, ou bien ils n'y parviendront qu'en achevant d'affamer les travailleurs actuels ».

Et là-dessus les militaristes triomphent, et proclament la perpétuité du système actuel. Et d'autre part, de bons esprits parmi leurs adversaires se laissent ébranler par ce sophisme, et proposent système sur système pour parer au danger.

Je ne m'étendrai pas ici sur ces palliatifs, dont le moindre défaut est d'être impraticables ou inefficaces : il suffira de montrer qu'ils sont inutiles. Les graves objections de principe et de détail qu'ils soulèvent deviennent en effet sans objet, si l'on détruit la base même sur laquelle ils reposent, c'est-à-dire si l'on fait ressortir l'inanité des craintes qui les ont provoqués.

A ceux qui demandent ce que deviendront, au lendemain d'un désarmement, les soldats et les travailleurs actuels, on pourrait, en effet se borner à répondre : « ils deviendront ce qu'ils voudront : ce que devinrent, lors de l'invention des chemins de fer, les constructeurs de diligences ! » — Mais cette réponse qui, présentée ainsi sous une forme sommaire, pourrait paraître brutale et révoltante, demande à être quelque peu développée.

On oublie trop, en vérité, que les phénomènes économiques sont extraordinairement complexes, et féconds en conséquences indirectes. Les armées actuelles ne vivent pas d'air et d'eau pure. On les nourrit, on les habille, on les équipe, on les loge ; on leur fournit des chevaux, un matériel coûteux, des fortifications, des navires cuirassés, toutes sortes de choses que les inventeurs obligent à remplacer aussitôt qu'elles ont été mises en service. De là, cette situation monstrueuse de l'Europe moderne qui, sur la totalité de son budget annuel consacre un tiers aux dépenses militaires, un autre tiers aux intérêts d'une dette résultant principalement des guerres passées, et le dernier tiers seulement aux dépenses d'administration et d'utilité publique (et encore faut-il ajouter qu'une très grande partie des dépenses d'administration, causée par des considérations de méfiance réciproque et de protection, disparaîtra par l'institution de l'état juridique international [1].

A l'heure actuelle, si l'on totalise les budgets ordinaires et extraordinaires de la guerre et de la marine dans tous les Etats d'Europe, on trouve que, sans même tenir compte des dettes, l'entretien de chaque homme de l'armée permanente revient en moyenne à 1550 francs. Ainsi nous payons près de quatre millions d'hommes, à raison de 1550 francs chacun, pour qu'ils ne produisent rien d'utile, et que leur seule présence nous menace chaque jour de l'éclosion des pires calamités. A qui fera-t-on croire que la cessation de cet état de choses

1. On compare souvent les dépenses militaires à une prime d'assurance payée pour garantir la sécurité des nations, et, en fait, c'est ce caractère qu'elles tendent à présenter. Mais que dirait-on de la moralité, de la prospérité et de la situation générale d'une ville qui écraserait ses habitants d'impôts, dont un tiers serait consacré à l'entretien de la police, et un autre tiers aux dépenses rendues nécessaires par les tumultes antérieurement suscités au sein de la population ? Qui voudrait y habiter ?

puisse présenter un danger économique?

La dépense militaire une fois supprimée, ou tout au moins très réduite, le budget de nos diverses patries, *c'est-à-dire la dépense de chacun de nous*, sera déchargé d'autant. Et les capitaux ainsi devenus disponibles obéiront d'autant plus à la tendance naturelle des capitaux, qui est de s'employer, que l'esprit d'entreprise sera puissamment encouragé par la sécurité du lendemain, aujourd'hui absente.

Ne comprend-on pas, en effet, que, quand l'Europe aura cessé de gaspiller chaque année une demi-douzaine de milliards en pure perte, quand elle commencera la réalisation des milliards innombrables que représentent les établissements militaires, quand les populations, délivrées du cauchemar quotidien de la guerre, pourront entreprendre en toute sécurité des travaux de longue haleine, ne comprend-on pas qu'une ère nouvelle se lèvera pour l'Humanité affranchie? Croit-on que ces capitaux gigantesques, ces bras, ces intelligences, resteront oisifs, quand ils ne seront plus dévorés par la guerre ou immobilisés par la paix armée? N'est-il pas évident que les chantiers et les ateliers sortiront de terre, par la seule volonté de l'initiative individuelle et de la libre association? La mise en valeur, l'exploitation rationnelle de la planète, est à peine entreprise; on commence seulement à entrevoir comment elle pourra être menée et quelle prospérité elle engendrera. Certes, quand nous ne nous épuiserons plus sottement à la contrecarrer, il n'y aura pas besoin de décrets et de Congrès diplomatiques pour la mettre en train!

On peut être assuré que, dans l'humanité affranchie que nous voulons préparer, d'une part l'initiative privée verra son énergie et ses moyens décuplés et, de l'autre, des associations, dont nous pouvons à peine pressentir l'importance, se constitueront pour accomplir toutes sortes de grands travaux, y compris ceux dont on s'abstient aujourd'hui parce qu'on les trouve insuffisamment rémunérateurs.

Même au sein des misères présentes, ne trouve-t-on pas le moyen d'exécuter les entreprises les plus dénuées de profits matériels ? Que cherchent à gagner les gens qui consacrent leur vie ou leur capital à une exploration polaire, les Nansen, les Andrée, les de Gerlache, et ceux qui les subventionnent? Et les Etats-Unis d'Amérique, c'est-à-dire le pays du monde où le gouvernement central a le moins d'attributions, ne sont-ils pas aussi le pays des initiatives les plus risquées, des travaux les plus grandioses, des donations les plus généreuses et les plus désintéressées aux établissements scientifiques ou artistiques? Certes, la masse des gens se portera de préférence vers les travaux dont le profit matériel semble assuré ; mais de plus en grand sera le nombre de ceux qui se dévoueront par pur sentiment d'altruisme, ou, si l'on préfère une expression plus en vogue, de *solidarité humaine*. Dès maintenant, il il serait impossible d'énumérer toutes les associations qui poursuivent des objectifs généreux d'où toute idée de lucre est écartée ; et nous ne sommes qu'à l'aurore de ce que nous réserve le droit de libre association, encore inexistant dans tel État, ou entouré dans tel autre de restrictions qui l'annulent en fait.

Tandis que les entreprises existantes se développeront rapidement, il s'en créera donc de toutes parts de nouvelles, qui contribueront avec elles à recueillir et à employer les hommes libérés de la caserne. Ces hommes gagneront ainsi leur vie en s'acquittant de travaux utiles à la communauté, alors que celle-ci les entretient aujourd'hui à ne rien faire ; ils en accroîtront la richesse générale, au lieu de lui être simplement à charge. Là sera la seule différence. Et, franchement, on aurait mauvaise grâce à se plaindre du changement.

Mais ces points sont obscurcis dans l'esprit de la plupart des gens par une appréciation erronnée de certains faits, qu'il importe donc de préciser.

Il n'est que trop exact, en effet, que des centaines de milliers d'hommes ne trouvent pas à s'occuper, pendant que des milliards et des milliards de francs de travaux ne trouvent pas à s'exécuter. Et je prends ici le mot de « travaux » dans son sens le plus général, c'est-à-dire que j'y comprends non seulement les grands travaux publics, dont l'importance frappe l'imagination, mais aussi la fabrication des objets les plus primitifs et les plus nécessaires. Par exemple, quand l'ensemble de l'humanité aura atteint un degré moyen de civilisation, il n'est pas exagéré de dire que chaque individu devra pouvoir user un minimum de quatre paires de chaussures par an. Or, en ce moment, nous voyons cette double contradiction que des millions d'hommes vont pieds nus, tandis qu'un grand nombre de fabricants sont embarrassés d'un stock de chaussures qu'ils ne peuvent écouler, et qu'enfin une foule d'ouvriers cordonniers cherchent en vain de l'ouvrage.

D'où provient cette déplorable situation, et, par conséquent, comment pourra-t-on y porter remède? et quelle influence le licenciement des armées permanentes pourra-t-il exercer sur elle?

*
* *

Quand on constate que tant d'hommes cherchent en vain aujourd'hui un travail rémunérateur — ou même, hélas! un travail quelconque, on a coutume de dire que « le travail fait défaut », et qu'il y a « surproduction générale ».

Il est impossible d'émettre une opinion plus complètement inexacte.

Certes non, l'ouvrage ne manque pas sur terre aux hommes de bonne volonté, et il n'y a aucune surproduction industrielle.

Ce qui existe, au contraire, c'est une *sous-production générale*, et une sous-production énorme, navrante : car on ne saurait assurément citer un seul objet qui soit produit en quantité suffisante pour qu'il soit possible d'en donner à chaque homme la part qu'il pourrait consommer et qui lui reviendrait donc légitimement. La vérité est que, sauf des exceptions, si peu nombreuses qu'elles disparaissent dans la masse, l'Humanité est plongée dans la misère ; l'exemple des souliers, que je donnais plus haut, peut être généralisé à tous les objets de consommation, même aux plus indispensables. On pourra seulement dire qu'on est arrivé à une *production suffisante*, le jour où chaque individu pourra jouir pleinement des commodités qui sont actuellement le privilège du tout petit nombre — sans compter celles qu'on aura imaginées d'ici là ; le jour où chacun, par exemple, aura une demeure spacieuse, confortable et décorée à sa fantaisie, des vêtements décents pour chaque circonstance et chaque saison, une nourriture abondante et agréable, une bibliothèque bien fournie et les mille objets qui facilitent aujourd'hui l'existence aux seuls gens riches ; le jour enfin où chacun pourra successivement s'occuper suivant ses goûts, se distraire, se reposer, voyager quand il en sentira le besoin ou la fantaisie.....

Ce jour, certes, est bien lointain. En réalité même, quelque développement que puisse prendre l'aisance générale, cette période de satisfaction absolue, qu'on pourrait appeler la période de *saturation économique*, n'arrivera jamais. A aucun moment, la production d'objets de toute nature ne cessera d'être inférieure à la demande. Car chaque objet nouveau qu'on invente, oblige à en fabriquer d'autres, ne fût-ce que ceux qui sont indispensables pour le produire lui-même. Et, d'autre part, chaque besoin qu'on est parvenu à satisfaire, crée aussitôt des besoins nouveaux, dans cette marche incessante vers une existence de plus en plus facile.

Aujourd'hui encore, des défenseurs attardés de la barbarie répètent cette énormité que le budget de la guerre n'est point stérile, puisqu'il fournit du travail à quantité d'établissements, producteurs de matériel; le général Lewal, ancien ministre de la guerre, n'a pas hésité à l'énoncer dans sa récente brochure « *La chimère du désarmement* »[1].

1. Cette affirmation est de la même force que celle qui consisterait à dire qu'il est avantageux de mettre le feu à une maison, puisqu'on donne ainsi de l'ouvrage à l'industrie du bâtiment, et que, suivant un proverbe connu « quand le bâtiment va, tout va. »

Sans doute, quand on brûle une maison, on fournit de l'ouvrage aux maçons, plâtriers, charpentiers, menuisiers, peintres, tapissiers, fumistes, électriciens et autres corps d'état qui la reconstruiront. Mais la communauté perd le travail, juste aussi productif pour eux-mêmes, qu'ils auraient accompli en bâtissant des maisons pour ceux qui n'en ont pas, ou en améliorant les maisons existantes.

On commence, il est vrai, à comprendre que toute destruction de richesse est un mal, mais beaucoup de gens en sont encore à ne pas savoir distinguer un travail inutile d'un travail utile.

Il est pourtant clair que, si la destruction d'une richesse est un mal, c'est que le temps employé à rétablir cette richesse, au

Pas stérile, le budget de la guerre, parce que dans chaque pays il aura fait construire, en une année, deux ou trois cuirassés et quelques centaines de canons! Mais qu'on prenne donc la peine de réfléchir aux constructions productives que pourraient exécuter ces mêmes établissements métallurgiques! Combien de centaines de millions de journées de travail faudrait-il dépenser pour doter tous les pays du monde d'un outillage industriel, et notamment d'un réseau de voies ferrées comparable à celui de la Belgique! Et, dès maintenant, avant qu'on ait sérieusement fait effort dans cette direction, voici les voitures automobiles, dont le besoin vient se superposer à celui des voies ferrées, en

lieu d'en créer une nouvelle, est du temps perdu. C'est un *retard dans le progrès.* Or il en est de même du travail inutile. Que l'on occupe demain quelques millions d'hommes à creuser un trou énorme pour le boucher ensuite, ou à niveler les montagnes de la Suisse pour les rétablir après cela dans leur forme primitive, on aura produit l'équivalent de ce que l'on exécute aujourd'hui sous forme de fortifications, cuirassés, matériel et équipement de guerre.

attendant que la navigation aérienne ouvre à notre activité un immense champ nouveau. — Et cette Belgique, que je donnais à l'instant en exemple parce qu'elle possède, dans son ensemble, un outillage des plus puissants, et que son commerce, dépassé seulement par celui des Pays-Bas et de la Suisse, laisse loin derrière lui celui des grandes puissances militaires, — cette Belgique ne peut être ainsi louée que par comparaison. Elle est, comme les autres nations, une vallée de larmes et de misères : elle est seulement un petit peu moins misérable. Et pendant que les autres peuples feront l'effort gigantesque qui leur est nécessaire pour s'élever à l'état de bien-être relatif dont jouit actuellement un pays plus avancé, tel que celui-là, ce dernier progressera pour atteindre une prospérité que nous ne pouvons même pas nous représenter aujourd'hui, et reculera d'autant l'idéal vers lequel marche l'humanité !

Ce n'est pas sans intention que dans

l'ensemble des objets qui constituent l'outillage d'une nation moderne, je faisais allusion plus haut aux voies ferrées et aux divers moyens de communication appelés à les seconder, sinon à les remplacer. C'est que les moyens de communication intellectuelle et les moyens de transport matériel sont les véritables instruments destinés à faire disparaître l'état de choses si mal qualifié par le terme de surproduction.

La vérité qui ressort d'un examen objectif des faits, c'est, je le répète, que, dans tous les domaines de l'activité humaine, il y a sous-production. Si, pour certains objets, il y a une apparence de surproduction, c'est tout simplement parce qu'il y a, simultanément, insuffisance de pouvoir d'achat de la part de ceux qui désireraient acquérir l'objet en question, et impossibilité, pour ceux qui le détiennent, de le transporter aussitôt quelque part où il puisse se vendre.

Mais que signifie insuffisance de pouvoir d'achat? Et que signifie d'abord le mot achat? — Ce dernier désigne l'acquisition par Paul d'un objet possédé ou fabriqué par Pierre, contre lequel Paul donne à Pierre un objet fabriqué ou possédé par lui-même (ou son équivalent en monnaie, peu importe: pour plus de simplicité, je réduis l'opération à son expression primitive, qui est le troc). Mais si Paul est incapable d'acheter l'objet de Pierre, est-ce parce que ce dernier est saturé de toutes choses au point de ne plus ressentir aucun besoin ni aucun désir? — Évidemment non. L'homme à ce point satisfait n'a jamais existé, et n'existera jamais. Le plus riche milliardaire s'offre chaque jour quelque fantaisie nouvelle, et c'est même pour cela qu'on lui envie généralement son milliard. Si donc Paul ne peut pas acheter l'objet de Pierre, c'est qu'il n'a pas en sa possession, pour les lui remettre en échange, les objets dont

Pierre a précisément le plus grand besoin en ce moment, et que Pierre s'efforce de se les procurer ailleurs. Ce qu'il faut donc, c'est que Paul fasse venir ces objets, s'ils existent déjà, ou qu'il les fabrique lui-même s'il peut le faire à meilleur compte.

Quand on constate en un point quelconque l'existence d'une marchandise que ses producteurs ne parviennent pas à écouler, il ne faut donc pas crier à la surproduction, puisqu'il existe certainement des millions et des millions de gens à qui cette marchandise fait défaut. Il faut dire au contraire qu'il manque, en ce même endroit, d'une autre marchandise permettant d'acquérir celle qui s'immobilise entre les mains de ses producteurs. Je résumerai cette observation dans la formule suivante :

Toute surproduction d'un certain objet n'est, en réalité, que l'indice de la pénurie, locale ou générale, d'autres objets qui puissent être échangés contre celui-là.

Or, ce qui vient d'être dit des objets fabriqués s'étend évidemment au travail des hommes, puisque ce travail est la condition première de l'obtention de tout objet. S'il existe à un certain moment, à Lyon ou à Sheffield, plus de pièces de soie ou d'objets de coutellerie qu'on n'en peut vendre, ce n'est pas que la coquetterie féminine soit désormais ultra-satisfaite, ou que chaque ménage du monde soit abondamment approvisionné de couteaux de table et de poche, ciseaux et rasoirs : c'est qu'un grand nombre d'objets, qui seraient utiles aux habitants de Lyon et de Sheffield, n'existent pas du tout, ou bien existent trop loin pour qu'on puisse les amener à bon compte, ou enfin qu'on n'est pas renseigné sur leur existence. Qu'on entreprenne de fabriquer ces objets, ou de les apporter s'ils existent, et du même coup, on améliorera l'existence des habitants de ces deux villes et de quantité d'autres, on fournira du travail (et par conséquent des produits nécessaires, c'est-à-dire de la richesse) à quantité d'hommes qui en manquent, — et notamment à ceux qui perdent aujourd'hui leur temps dans les casernes.

*
* *

En résumé, ce qui cause aujourd'hui le malaise économique si improprement caractérisé par le mot de surproduction, ce n'est ni l'excès de produits de toute nature, ni l'excès des bras disponibles pour les travaux de première nécessité. S'il en était ainsi, on en viendrait à considérer comme un remède une grande guerre qui ravagerait des pays entiers et faucherait toute une génération d'hommes.

Non, l'humanité ne souffre pas d'un embarras de richesses, et n'est pas près d'en souffrir. Ce qui lui manque avant tout, c'est de pouvoir transporter les produits de son industrie, en temps voulu, aux points où ils sont nécessaires; la faculté pour chaque homme de pouvoir, sur le champ, se rendre sur le point du globe où il trouvera le meilleur emploi de ses facultés; enfin la certitude pour cet homme d'être accueilli là en frère, en collaborateur, par les habitants installés avant lui, et de se voir à tous les égards traité sur le même pied qu'eux.

En un mot, ce qui fait défaut, ce sont l'entente et l'hospitalité internationales (c'est-à-dire la saine compréhension des besoins généraux), et des moyens suffisants de communication intellectuelle et matérielle.

Dans ces conditions, c'est une grande erreur que de voir dans le désarmement un danger, consistant dans l'augmentation du nombre des inoccupés. Si l'insuffisance actuelle de l'outillage économique devait continuer, notre condition serait décidément bien fâcheuse, et cette seule cause occasionnerait bien d'autres misères, et elle exigerait bien d'autres mesures de préservation que ne pourrait faire le licenciement des armées. Mais on oublie toujours que, pour exécuter une œuvre quelconque, deux éléments sont indispensables, le capital, c'est-à-dire l'outillage et les réserves créés par des travaux antérieurs, et le travail, intellectuel et manuel. Or le désarmement libérera proportionnellement une quantité de capitaux bien plus grande que de travail, car il libérera ceux qui sont directement consacrés à entretenir les troupes (et qui, en tout état de cause, suffiraient à faire vivre ces hommes), plus la masse énorme de capitaux immobilisés en matériel et en constructions, sans compter ceux qu'immobilise l'inquiétude. Et ce coefficient de sécurité du lendemain n'est pas le moins important; car la confiance est un troisième élément indispensable à toute entreprise, et que son caractère immatériel et impossible à chiffrer empêche seul de faire entrer en ligne de compte, à côté du capital et du travail[1].

1. Le malheur des temps présents est que les diverses nations se croient encore obligées de se suffire à elles-mêmes, comme faisaient jadis les provinces. Il fut un temps où le propriétaire beauceron et celui du Médoc vivaient des produits récoltés sur leur terre; aujourd'hui, ils sont spécialisés: l'un fait du blé et l'autre de bon vin, et chacun y a gagné. — De même, le Vénézuéla a renoncé depuis longtemps à quantité de cultures, dont il importe les fruits, pour se vouer à celle du café. — Aujourd'hui les Cubains, entre deux guerres civiles, cultivent le tabac et la canne à sucre, qui ne peut lutter contre la betterave. Un jour viendra où ils comprendront qu'il est absurde de s'obstiner dans cette voie, et fourniront au monde entier d'excellents cigares, que certains leur paieront en sucre, et d'autres autrement. — Y a-t-il d'ailleurs rien de plus absurde que la lutte des divers États pour exporter du sucre à qui mieux mieux, et en renchérir artificiellement le prix, quand il n'existe pas un seul pays où la consommation nationale atteigne, en moyenne, la dixième partie de ce qu'elle est dans la classe aisée, c'est-à-dire de ce qu'elle devrait être partout! — Autre chose; pendant la dernière famine qui a désolé certaines parties de la Russie, d'autres provinces exportaient du blé en quantité. Dira-t-on qu'il y avait là surproduction, et non incapacité de transport et d'achat? — De même les populations se spécialisent dans une certaine mesure: on ne s'aviserait pas de faire immigrer des terrassiers au Piémont, des maçons en Limousin, des marins en Bretagne. Dans ces pays, il y a un engorgement de certaines professions (l'équivalent de la surproduction), d'où émigration.

Le remède à tout cela? — La liberté dans tous les sens du mot. C'est-à-dire la liberté de se rendre au point où l'on peut utiliser le mieux ses facultés, et la liberté de transporter une

D'ailleurs comment expliquer ce fait que l'on s'accorde, en tout pays, à se féliciter de chaque accroissement de la population? Sans doute, cette opinion a un fondement militaire: on est satisfait de constater que l'on pourra éventuellement aligner un plus grand nombre d'hommes sur le champ de bataille. Mais il existe déjà quelques pays civilisés en Europe: par exemple, la Suisse, la Belgique, les États

marchandise au point où elle fait défaut. Et, comme moyen de réalisation, pour faire passer ce principe dans la pratique:

Égalité de traitement des étrangers avec les nationaux, au point de vue civil, c'est-à-dire en tout ce qui ne concerne pas les droits politiques;

Libre échange;

Développement intensif des moyens de communication, permettant de renseigner chacun, à tout moment, sur les offres et demandes existant sur tous les points du globe, et de transporter, le plus rapidement et au minimum de frais possible, les hommes et les marchandises aux points où ils trouveront leur emploi.

Dans ces conditions — et dans ces conditions seulement — on n'entendra plus parler de surproduction, bien que la production ne puisse manquer de devenir centuple de ce qu'elle est aujourd'hui. Et l'on ne s'inquiètera pas de voir l'Europe rendre au travail les quatre millions d'hommes (à peine 1 0/0 de la population) qu'elle n'aurait pas dû lui enlever!

Scandinaves. Ces nations ne font pas entrer la guerre dans la supputation de leurs chances de prospérité. Or elles se réjouissent de voir croître leur population. De même encore, l'Argentine, qui fait tout son possible pour développer chez elle l'immigration.

C'est que l'on sait que chaque homme est capable de produire, par son travail, une quantité de richesses énormément supérieure à celle qui est nécessaire pour assurer strictement sa pitance quotidienne ; et, par suite, d'ici au jour bien lointain où l'on atteindra la limite de production des denrées alimentaires, la venue de chaque homme nouveau, *quel qu'il soit, du moment qu'il travaille honnêtement*, est un bienfait pour la communauté, puisqu'il pourra produire quantité d'objets qui entreront dans la circulation générale des échanges.

Or, supposons maintenant qu'un État qui entretient une armée de 100.000 hommes, se décide à la licencier. Il accroîtra ainsi de 100.000 individus les forces travailleuses de la nation. Pour obtenir normalement une semblable augmentation de sa puissance industrielle, il faudrait que sa population se fût accrue de 500.000 habitants au moins, en comptant la famille moyenne à 5 personnes. Il faudrait en réalité une augmentation bien plus forte, puisque les hommes rendus au travail sont tous dans la force de l'âge et parfaitement valides : ces 100.000 travailleurs choisis correspondent peut-être à une augmentation normale d'un million d'habitants.

Explique qui voudra comment ce qui, dans tous les pays et en toute circonstance, serait considéré comme un bien, peut devenir un mal dans le cas particulier de la restitution des armées au travail général !

⁂

Au reste, tout est contradiction, dès que

l'on cherche à protéger soldats et travailleurs contre les prétendues conséquences du désarmément ; une telle protection, aussitôt appliquée, se retournerait contre ceux-là même qu'on veut en faire bénéficier.

Les divers systèmes que l'on a pu proposer se ramènent tous, en dernière analyse, à l'exécution par l'État de grands travaux publics, destinés à occuper, au moins momentanément, les hommes libérés du service militaire.

Or, s'il s'agit de travaux rémunérateurs, l'initiative privée, surexcitée à la seule annonce du désarmement, s'organisera aussitôt pour les exécuter, et rendra inutile l'intervention de l'État, dont le moindre défaut serait d'en majorer le prix de revient [1]. On peut concevoir, il est vrai, que l'État se charge spécialement de travaux utiles, mais non rémunérateurs, et par

1. Il va de soi que je raisonne ici sur l'État *actuel*, non sur une société nouvelle, spécialement organisée en vue de la production collective.

conséquent moins tentants pour les particuliers. Mais encore, faudrait-il apporter ici une grande prudence. La somme totale des travaux qui peuvent être entrepris est pratiquement illimitée, en comparaison des bras et des capitaux qui sont disponibles à un moment quelconque; et il est évidemment plus conforme à l'intérêt général de donner la priorité, ou tout au moins la prépondérance, aux travaux rémunérateurs, c'est-à-dire à ceux qui engendreront par la suite un grand mouvement de capitaux et, par contre-coup, d'autres travaux. Or, encore une fois, ces travaux sont capables d'absorber, et au-delà, l'offre de bras rendus disponibles par le désarmement.

Il est inutile de s'attarder à une troisième hypothèse, qui consisterait à faire entreprendre par les États des travaux foncièrement inutiles, mettons par exemple l'érection d'une nouvelle série de pyramides dans le désert : le contribuable aurait vite fait d'en sentir l'absurdité.

Mais, quels que soient les travaux considérés, ce serait toujours l'État qui en aurait la charge, c'est-à-dire Monsieur Tout-le-monde.

Et alors, s'ils reviennent plus cher que si on les avait laissés à l'industrie privée, l'excès de la dépense sera supporté par le budget, c'est-à-dire précisément par la population produisante, qu'on voulait protéger contre les effets de la concurrence. Et si, par impossible, ils sont exécutés à meilleur marché, c'est-à-dire si le travailleur de l'Etat — l'ancien militaire — est payé moins et travaille plus économiquement que le travailleur libre, on aura justement suscité à ce dernier la concurrence victorieuse qu'on voulait lui épargner.

Il faut bien s'en souvenir : *ex nihilo nihil.* Toute protection donnée à Pierre ne peut s'obtenir que par la spoliation de Paul. Et ce dernier, une fois qu'on a restreint ainsi sa puissance d'achat, est un moins bon client pour Pierre, qui finit donc par perdre également à ce jeu où il croyait gagner.

Comprenons donc une bonne fois qu'il faut faire le bien, purement et simplement : et que si, d'aventure, il entraîne momentanément certaines conséquences fâcheuses, il en contient en lui-même le remède.

*
* *

La vérité est que toute mesure de transition économique est inutile pour passer de la paix armée à la paix, par la raison que la transition se fera d'elle-même, qu'elle est dans la nature des choses.

La paix armée, déterminée à l'origine par une crise violente, ne nous a menés que progressivement à la situation désastreuse dans laquelle nous nous trouvons. C'est progressivement aussi que s'établira la paix proprement dite, suivant une marche qu'il est aisé d'indiquer. Le désarmement se fera, en quelque sorte, sans qu'on s'en aperçoive.

Les craintes que l'on se forge au sujet de ses conséquences économiques procèdent en effet de cette tendance si commune qui consiste à considérer l'histoire comme une série de coups de théâtre, directement improvisés par la volonté de quelques hommes. On imagine qu'il suffit de prendre un décret, de voter une loi, pour transformer le monde. On oublie qu'une semblable mesure, si elle choque la mentalité moyenne des hommes, si elle s'écarte trop de l'évolution naturelle des faits qui l'ont précédée, provoque infailliblement et à bref délai une action de sens contraire. Suivant un mot bien expressif de Novicow, faisant allusion à la défunte théorie géologique des grands cataclysmes terrestres, « la sociologie attend encore son Lyell ».

Or donc, la plupart des gens ne peuvent s'empêcher de considérer un désarmement que comme une opération d'ensemble, convenue par les diplomates autour du tapis vert, et mise subitement à exécution, au signal de quelque baguette magique.

L'impossibilité matérielle d'une semblable opération a été magistralement démontrée par un officier, écrivain militaire bien connu ; on ne peut mieux faire, que de renvoyer à son exposé si lucide [1].

L'Europe courrait d'ailleurs un terrible danger, le jour où un Congrès se réunirait pour régler cette question [2]. Chacun soupçonnant son voisin des plus noires intentions, toute bonne foi serait absente d'une discussion qui exige une bonne foi absolue, et ce serait miracle si la guerre ne sortait pas de cette conférence prétendue pacifique. On n'en viendrait même pas à cette discussion : la première puissance qui se risquerait aujourd'hui à mettre en avant

1. *La question du désarmement*, par G. L. M. (*Revue scientifique* des 7 et 14 août 1894).

2. Loin de contredire cette vue, la Conférence de La Haye l'a confirmée. Comme il est rappelé plus loin, l'un des objets de la Conférence était, non le désarmement, mais seulement un arrêt des armements ; et, dès le premier jour, on a reconnu que la question, même ainsi réduite, ne pouvait aboutir.

l'hypothèse d'un désarmement serait accusée de vouloir jouer les autres, qui se coaliseraient contre elle. Le seul moyen, pour une puissance quelconque, de soulever la question, sera de se mettre tout tranquillement à désarmer elle-même : les autres peuples auront tôt fait d'obliger leurs gouvernements à l'imiter. Mais cela, qui l'osera tenter?

La réponse à cette question semble devoir être : personne. Et pourtant il est bien certain qu'une nation acquerra un jour cette gloire incomparable.

A cela il y a deux raisons. D'abord, la paix armée est un état politique d'équilibre instable, et destiné par conséquent à disparaître dans un délai relativement court [1]. Aucune organisation n'est perpétuelle : mais que dire de celles qui sont manifestement contraires à toute l'évolution morale

1. Je ne veux pas dire que ce soit l'affaire de huit jours ou de quelques mois : je prends le mot « court » en tant que période historique. On ne saurait trop préciser.

de l'Humanité, et mènent les peuples droit à la ruine?

En second lieu, l'idée indiquée plus haut, suivant laquelle la réunion d'un Congrès de désarmement présenterait les plus grands dangers, est si généralement répandue, surtout dans les milieux officiels, que cette crainte, fût-elle vaine, empêchera pendant longtemps la réunion d'un pareil Congrès. Tout au moins est-il très vraisemblable que cet empêchement durera jusque bien après le moment où la paix armée sera devenue tout à fait intolérable.

C'est pourquoi l'hypothèse la plus plausible est bien que le désarmement résultera de l'initiative d'une nation qui aura eu, la première, le courage ou la bonne foi de reconnaître les dispositions pacifiques de ses voisines. C'est à chacun de nous d'agir sur ses compatriotes pour qu'ils revendiquent, en faveur de leur pays, un honneur qui le placera au premier rang [1].

1. Quelques bonnes âmes songent à un désarmement dicté à

*
* *

Dans ces conditions il est absolument chimérique de se dire, comme on le fait souvent : « Aujourd'hui, tel pays entretient 500.000 hommes sous les drapeaux; demain il va se contenter de 20.000 gendarmes; que deviendront les 480.000 hommes qu'il jettera sur le pavé ? »

Sans doute, si le désarmement devait s'effectuer suivant cette méthode simpliste, il entraînerait une grave perturbation économique, et l'on risquerait de voir l'Europe se couvrir de vagabonds misérables et de détrousseurs de grands chemins. Mais, en

l'Europe par une puissance assez forte pour imposer sa volonté : la fraternité à coups de canon !

On leur rappellera utilement que la militarisation de l'Europe a justement pour cause première un désarmement imposé par la force. En contraignant la Prusse à n'entretenir sous les armes qu'un effectif de 40.000 hommes au plus, Napoléon amena son gouvernement à imaginer le service universel à court terme ; et ce système, patiemment développé, a conduit à l'organisation formidable, qui, ayant fait ses preuves en 1864, 1866 et 1870, s'imposa depuis à l'Europe entière vérité, cette hypothèse ne supporte pas l'examen, à moins d'admettre que, dans tous les pays, la réaction contre la folie des armements engendre une sorte de folie du désarmement.

Suivant toute vraisemblance, le désarmement se fera, sans aucune secousse, de la manière suivante.

Les divers pays entretiennent actuellement sur leurs frontières des « troupes de couverture » formidables, véritables armées prêtes à entrer en campagne. Nulle part ces troupes n'ont été concentrées subitement ; pour des raisons à la fois économiques et diplomatiques, on les a levées et portées à la frontière d'une manière graduelle.

Eh bien, on commencera de même le désarmement par la dislocation et le licenciement graduels de ces armées de première ligne, qui sont aujourd'hui le signe visible de l'insécurité générale. C'est ainsi que jadis l'affermissement des divers grands Etats et la création de leurs armées permanentes rendirent inutiles l'organisation des anciennes Marches-frontières (Marches allemandes, Confins militaires de l'Autriche, Territoires Cosaques de la Russie).

Par exemple, un pays, s'apercevant que depuis des années son voisin n'a manifesté aucune velléité de l'attaquer, et que leurs intérêts de toute nature se sont enchevêtrés jusqu'à former un réseau inextricable, diminuera spontanément sa couverture d'un bataillon ou d'un régiment, pour donner une preuve de ses bonnes intentions sans néanmoins s'affaiblir sensiblement, c'est-à-dire « à titre d'indication ». Au bout d'un certain temps, le voisin en fera autant. Puis on recommencera, de part et d'autre. On incorporera quelques recrues de moins l'année suivante, on réduira le nombre des admissions dans les Écoles militaires. Et ainsi de suite. De fil en aiguille, *au bout de quelques années*, une sensible partie du harnois aura été déposée, par une série de mesures partielles, et l'on aura acquis le courage d'entamer la liquidation proprement dite. Mais même alors, ou même dans le cas où ces préliminaires ne seraient pas menés aussi prudemment qu'il vient d'être dit, personne ne s'avisera d'ouvrir brusquement les portes des casernes, et de jeter à la rue, du jour au lendemain, des centaines de milliers d'hommes sans position assurée.

*
* *

Mais ici, il faut distinguer. J'ai parlé plus haut de l'incorporation des recrues et de l'admission dans les écoles militaires; c'est que toute armée comporte deux éléments bien distincts, la troupe et ses cadres (officiers et sous-officiers).

C'est pour ces derniers que le problème est le plus épineux. La question de la troupe se résoudra en effet de la manière la plus simple, mais précisément à l'opposé de ce que la plupart des gens semblent croire : le désarmement se fera, le plus pratiquement, par *non-incorporation*, et non par licenciement.

Sans doute, il serait possible de procéder en congédiant les soldats prématurément, et par fractions successives, en commençant par les plus anciens. Mais cela ne peut se faire qu'en prévenant ces hommes assez longtemps à l'avance, pour que chacun puisse prendre ses précautions et se procurer du travail avant l'époque à laquelle il comptait être libéré; et s'il est difficile de trouver une occupation quand on est sur place et libre de tout son temps, on conçoit à quels obstacles se heurteront ces soldats, obligés de se débrouiller par correspondance, du lieu de leur garnison.

A tous égards, il est plus simple de procéder par non-incorporation, d'autant plus que cette méthode est élastique à volonté, et se prête à toutes les nécessités. Qu'on élève seulement de quelques centimètres le minimum de taille exigé pour entrer au service, et l'on réduira à volonté le prochain contingent, chaque jeune homme de vingt ans sachant d'ailleurs à l'avance quel est le sort qui l'attend. On pourra encore obtenir le même résultat en augmentant le nombre des cas procurant des dispenses de service pour raisons de famille, d'études ou d'intérêts privés de toute nature. Ou, si l'on préfère, par mesure de précaution transitoire, continuer à donner à tous les hommes valides une certaine instruction militaire, il suffit de réduire dans la mesure voulue la durée du service *pour les contingents à venir*.

Ce sont là des détails d'exécution, que chaque pays pourra trancher à sa guise, leur résultat se traduisant uniformément par une réduction, aussi grande qu'on voudra, de l'armée active. Ce que je voulais seulement, c'est bien établir la distinction entre le contingent et les cadres. Le premier constitue la grande masse de l'armée, celle dont on se montre si embarrassé d'assurer le sort, et dont la subite affluence constituerait assurément un grand embarras, si l'on pouvait s'aviser de la licencier du jour au lendemain.

Or, si l'on procède, comme je l'indiquais, par non-incorporation, la différence résultant du désarmement sera que, pendant la première année, les hommes valides de vingt ans resteront dans la vie civile au lieu d'aller à la caserne. Et encore ce changement ne sera-t-il pas instantané ; on en sera prévenu assez à l'avance, car il devra être régulièrement introduit dans la législation. Enfin, il aura été précédé de la période préliminaire indiquée plus haut, pendant laquelle on aura déjà effectué diverses réductions du contingent annuel : il ne portera donc plus que sur une partie de ce contingent.

A qui fera-t-on croire que cette situation implique un danger économique ? Ces hommes, que l'on renoncera à incorporer, seront des enfants de vingt ans, des débutants, ceux qui, dans toutes les professions, sont le moins payés (quand ils le sont) et dont la concurrence sera le moins à craindre pour les hommes en place. A cet âge, un grand nombre d'entre eux n'ont même encore aucune profession définie et sont à la charge de leur famille, au moins partiellement : quel est le soldat qui ne reçoit pas à la caserne des sommes parfois assez rondelettes de chez lui ? Le seul service que l'Etat rende aujourd'hui à ces familles en leur prenant leurs enfants, c'est de les faire entretenir par la communauté (c'est-à-dire d'y faire contribuer les gens qui ne sont pas de leur famille), pour ne rien faire d'utile. Beaucoup assurément, s'ils ne sont pas incorporés, en profiteront pour perfectionner leurs études ou leur apprentissage, pour s'instruire en voyageant. On cherche en vain comment il peut résulter de là une crise si dangereuse !

*
* *

Reste la question des cadres. Non seulement ces derniers se composent d'hommes mûrs, mais encore ils comprennent une grande proportion d'hommes ayant passé l'âge où l'on se fait sa carrière. Sans doute, un grand nombre d'entre eux sont doués d'aptitudes et de connaissances acquises qui peuvent trouver leur emploi dans la vie civile et dans diverses fonctions gouvernementales ; mais on ne saurait dire que ce soit leur cas à tous. En outre, les positions dans lesquelles certains d'entre eux pourraient s'occuper ne se trouveront pas à point nommé, du jour au lendemain. Enfin l'État a passé un contrat formel avec eux : il n'a pas le droit de chasser brusquement des hommes qui l'ont loyalement servi tant qu'il a eu besoin d'eux.

Ce mot de contrat donne la solution du

problème. Puisque l'Etat a pris des engagements à l'égard de ses serviteurs, il doit les exécuter. Il est tenu de pourvoir, sous une forme ou sous une autre, à la subsistance de ces officiers et sous-officiers, puisqu'ils lui ont consacré leur liberté et leur vie en échange de la promesse de le faire. Même à ceux qui trouveront à s'employer ailleurs, l'Etat devra donc continuer à servir tout au moins une solde réduite. Quant aux autres, il ne pourra faire autrement que de continuer à les entretenir, quitte à les utiliser à l'occasion comme il pourra.

De ce fait, les nations européennes auront encore, pendant un certain temps, à payer le reliquat de leurs fautes anciennes ; ce sera un chapitre à ajouter aux intérêts des dettes que nous ont léguées les guerres passées. Ce sera une véritable dette d'honneur, qui s'éteindra d'ailleurs d'elle-même et sera bien faible en comparaison de l'économie résultant du licenciement des troupes, de la démolition du matériel de guerre et de la vente des établissements et terrains militaires de toute nature !

Quoi qu'il en soit, on voit que le désarmement est en lui-même une opération bien facile à régler sans qu'il puisse en résulter aucun trouble social. L'économie qu'il procurera, insignifiante pendant la période de préparation et de tâtonnements, deviendra énorme quand on en viendra à réduire véritablement les effectifs. Mais, même alors, une grande partie de cette économie sera réservée pour l'avenir, car il faudra bien du temps pour liquider tout le domaine militaire ; et le budget sera transitoirement grevé d'une charge sensible, du fait des pensions viagères constituant en quelque sorte les frais d'amortissement, ou de liquidation, du personnel des cadres de l'armée.

Mais si nous devons ainsi nous attendre à ne pas être délivrés, du jour au lendemain, de tout le poids des dépenses militaires, on peut affirmer pareillement que la crise économique tant redoutée ne se produira pas.

Le tout est de *rendre le désarmement possible* en amenant les peuples à juger sainement leurs intérêts véritables et leurs situations respectives.

Tel est le devoir de tous les hommes qui ont le souci de la chose publique et le sentiment des désastres au-devant desquels nous courons.

La guerre et le militarisme

Cette étude a paru dans *La Vita internazionale* de Milan (5 mars 1899) et dans *L'Humanité nouvelle* (mai 1899), en réponse à l'enquête entreprise par ces revues, sur le questionnaire suivant :

« 1° La guerre parmi les nations civilisées est-elle encore voulue par l'histoire, par le droit, par le progrès ?

« 2° Quels sont les effets intellectuels, moraux, physiques, économiques, politiques du militarisme ?

« 3° Quelles sont les solutions qu'il convient de donner, dans l'intérêt de l'avenir de la civilisation mondiale, aux graves problèmes de la guerre et du militarisme ?

« 4° Quels sont les moyens conduisant le plus rapidement possible à ces solutions ?

Je crois utile de remarquer que ma réponse a été écrite au printemps de 1898, c'est-à-dire avant l'apparition du message du tsar, et qu'elle a été publiée telle quelle.

Monsieur et cher confrère,

La première des quatre questions de

votre enquête contient un mot, d'apparence bien insignifiante, mais au sujet duquel je ne puis m'empêcher de vous chercher une petite querelle préliminaire : singulière façon, dira-t-on, de montrer que nous sommes en parfait accord sur ces graves questions ! Et pourtant, telle est la vérité : nous sommes du même avis, et il faut que je commence par vous quereller.

Le petit mot qui cause tout ce mal, c'est le mot « encore ».

Vous demandez : « La guerre parmi les nations civilisées est-elle encore voulue par les conditions historiques, par le droit, par le progrès ? »

Et moi, je réponds : « Non seulement elle ne l'est plus, mais jamais elle ne l'a été, jamais, au grand jamais ! Toujours, elle a faussé le développement historique de l'humanité, violé le droit, enrayé le progrès. »

Sans doute, certaines guerres ont été

suivies de résultats avantageux à la civilisation générale; mais les conséquences nuisibles de ces mêmes guerres l'ont toujours emporté de beaucoup sur ces résultats bienfaisants. Ce qui fait qu'on s'y est trompé, et qu'on s'y trompe encore, c'est qu'une partie seulement de ces conséquences nuisibles est immédiatement apparente: les autres, qui sont souvent de beaucoup les plus graves, sont indirectes, et ont donc échappé pendant longtemps à l'intelligence humaine. On commence actuellement à les apercevoir, et alors on dit, comme le faisait récemment encore M. de Molinari, dans un livre d'ailleurs fort remarquable, que la guerre « n'est plus » utile au progrès de la civilisation, alors qu'elle ne l'a jamais été[1].

Il y a là, croyez-le bien, autre chose qu'un accès de byzantinisme, une lubie de sectaire trop pointilleux : ce point est vrai-

1. *Grandeur et décadence de la guerre*. Paris, Guillaumin, 1898.

ment de grande importance. Si nous concédons aux défenseurs de la guerre ce simple petit mot « encore », nous leur donnons barre sur nous. Nous les autorisons à dire que la discussion entre eux et nous est une simple affaire d'opportunité, d'appréciation personnelle ; car cette discussion se réduit alors à ceci, que nous croyons la guerre « devenue inutile », alors qu'ils la jugent « encore utile ». Dans ces conditions, ils nous accorderont volontiers qu'elle pourra devenir inutile, ou même nuisible... demain, le temps d'infliger encore aux peuples quelque formidable saignée pour satisfaire leurs ambitions personnelles !

Car telle a été de tout temps, et telle est encore l'unique fonction de la guerre : procurer à un petit nombre d'hommes le pouvoir, les honneurs, les richesses, aux dépens de la masse, dont ces hommes exploitent la crédulité naturelle, exploitent les préjugés créés et entretenus par eux-mêmes.

*
* *

Je passe maintenant à votre seconde question. Mais il y a tant à dire sur ces matières, que ma réponse sera forcément bien incomplète.

1° *Effets intellectuels du militarisme.* — Il a pu s'en produire de bienfaisants, dans le domaine de certaines sciences et de l'industrie. La grande métallurgie doit beaucoup à la lutte du canon contre la cuirasse; de même, les explosifs ont quantité d'applications utiles. On peut répondre, il est vrai, que, sans le militarisme, le développement de l'industrie et du commerce fût devenu prodigieux en comparaison de ce qu'il a été, et nous eût valu au moins autant de belles inventions; sans compter celles dont nous aurions pu être dotés par tous les hommes de génie que la guerre a fauchés ou empêchés de naître! Mais c'est là une hypothèse gratuite. Ce qui est certain, c'est que l'art de la destruction est une branche comme une autre du savoir humain, et qu'il a donc à son actif des découvertes dont les autres branches — toutes étant solidaires — ont profité.

2° *Effets moraux.* — Ceux-là sont peut-être plus pernicieux encore que les effets matériels. On peut les résumer ainsi, ou, du moins, relever entre mille autres ceux qui suivent :

A) *Effets collectifs :* Le règne de la force, avec l'astuce comme seul contre-poids possible ; la croyance que la fin justifie les moyens ; la théorie de la raison d'État ; bref, l'esprit de servitude, en même temps que la négation de cette religion de demain, la solidarité humaine ;

B) *Effets individuels :* Le dégoût du travail producteur, la chasse aux emplois publics, le goût du fonctionnarisme, l'esprit de servilité ; la contagion dépravatrice de la caserne, la diminution du sens moral, que traduit ce dicton de troupier :

« pas vu, pas pris » ; le déchaînement des appétits violents, démontré par l'accroissement de la criminalité, consécutif de chaque guerre ; bref, l'affaiblissement de la moralité, de la dignité et de l'énergie individuelles.

Les militaristes nous objectent certains bons effets moraux de la guerre, dévouement, héroïsme, honneur, etc., et prétendent les accaparer en les décorant du nom de « vertus militaires ». Or, il n'est aucun de ces effets qui ne puisse être produit par les situations normales du temps de paix. Personne n'oserait avancer que ces qualités n'existent pas, et précisément au plus haut degré, chez les nations non militarisées, comme la Suisse, la Belgique, la Hollande, les États Scandinaves et la Grande-Bretagne. Bien malheureux, et bien peu digne du nom de civilisé serait le peuple à qui la famille et l'école ne suffiraient pas pour développer ces vertus dans le cœur de ses enfants.

C'est là, en effet, une culture morale incombant naturellement aux éducateurs de l'enfance ; et qui ne comprend combien cette tâche sera facilitée, le jour où le meurtre collectif, le pillage et la destruction en grand seront devenus choses du passé ? Qui n'a été embarrassé d'expliquer à un enfant à quoi sert un canon ?

3° *Effets physiques.* — Je me bornerai à mentionner la sélection à rebours, par le massacre systématique et périodique des mieux constitués et des plus hardis, et, entre deux massacres, par le célibat d'un grand nombre d'entre eux.

L'entraînement que les recrues reçoivent au régiment peut et doit s'acquérir à l'école et dans les sociétés de gymnastique : je ne puis que souhaiter à nos concitoyens d'égaler sous ce rapport les écoliers anglais ou les simples paysans suisses !

4° *Effets économiques.* — Perte, en « capital humain », des hommes tués ou estropiés et de leurs descendants possibles ;

destructions de toute nature ; perte du travail des hommes retenus sous les drapeaux ; dépenses improductives (matériel de guerre, constructions militaires, etc.), alors que tant de dépenses productives (outillage économique, assurances de toute nature, etc.), ne peuvent se faire ; puis, quantité d'effets indirects, dérivés des effets moraux énumérés plus haut, tels que le fonctionnarisme, la désertion des campagnes, etc. ; en un mot : ruine.

5° *Effets politiques.* — Se confondent avec les effets moraux (voir plus haut). Car la politique d'une nation démoralisée ne peut être qu'une mauvaise politique. L'état d'antagonisme des sociétés humaines a fait croire qu'il y a deux morales opposées — la morale politique et la morale privée, — alors qu'il n'y en a qu'une, la morale, tout simplement. Il a créé ce qu'on appelle actuellement la politique, c'est-à-dire une *immoralité collective*, tandis que le développement normal de la Cité exige l'observation d'une moralité collective, qui ne saurait être que la somme des moralités de tous les individus.

*
* *

Solution du problème. — M. de la Palisse répondrait que, pour ne pas se battre, et ne pas s'y préparer, il faut être d'accord. Pour que les peuples vivent en paix, il faut donc qu'ils soient unifiés, ou fédérés. La première solution, poursuivie par tant de conquérants, est amplement démontrée absurde; fondée sur l'oppression, elle n'est qu'un ferment de révoltes et de guerres. L'avènement de la seconde solution — de la fédération — est prochain (prochain, au sens historique du mot : mettons, par exemple, un demi-siècle).

Voies et moyens. — Favoriser autant que possible l'internationalisation des intérêts. Ici, d'ailleurs, inutile de se donner du mal : il suffit qu'on veuille bien ne pas entraver une évolution irrésistible, qui date à peine d'un demi-siècle, et n'a cessé de progresser à pas de géant. Donc, faciliter autant que possible la circulation de la pensée, des personnes et des marchandises. Ce développement, d'ailleurs, se fait de lui-même, à mesure des besoins ; mais encore ne faut-il pas tomber dans la contradiction stupide qui consiste à ouvrir à grand frais des communications, pour en interdire ensuite l'usage à coups de tarifs douaniers !

Se pénétrant davantage, les nations entremêleront de plus en plus leurs intérêts et, en outre, se connaîtront mieux. Il faut favoriser cette interdépendance et cette connaissance réciproque, en développant notamment l'étude des langues étrangères et en particulier celle d'une langue internationale vraiment pratique. A ce point de vue de la connaissance de l'étranger, la presse doit être réformée de fond en comble : alors qu'elle devrait être une éducatrice, une conciliatrice, elle ne fait que flatter et enfler — souvent même créer de toutes pièces — les plus sots préjugés et les pires passions.

Faire connaître l'étranger, tel doit être un des objectifs principaux de la propagande pacifique. La plupart des chauvins sont simplement des gens qui ne sont jamais sortis de chez eux, ne savent aucune langue étrangère, n'ont pas fréquenté d'étrangers ; d'où cette énorme sottise, la vanité nationale, la tendance à considérer un peuple comme moins civilisé, parce qu'il est autrement civilisé. Un homme vain de sa personne passe partout pour un sot : bien comprendre qu'une nation de quarante millions d'hommes, quand elle est vaine, c'est-à-dire chauvine, se montre quarante millions de fois plus sotte.

Or, qui connaît des étrangers, sait qu'ils sont des hommes semblables à lui-même, ne demandant qu'à vivre et à travailler en paix pour eux et leurs familles, et non à en découdre ; à moins d'être privé de jugement, il est perdu pour le chauvinisme.

C'est ici qu'est proprement le nœud de la question. Tous les peuples sont pacifiques, et tous se ruinent en armements, non certes, par plaisir, mais parce que des gens sont intéressés à leur faire croire que les autres peuples sont belliqueux. Quand ils sauront le contraire — et il ne saurait être si difficile de faire luire la vérité — les armes tomberont d'elles-mêmes, et les chauvins porteront moins beau.

Autre moyen important : répandre cette vérité reconnue depuis peu, et à laquelle je faisais allusion plus haut, que toute guerre, même la plus avantageuse en apparence, coûte infiniment plus, à tous égards, qu'elle ne rapporte. Montrer à qui elle est avantageuse, et qui en pâtit.

Ce dernier, c'est quelqu'un de fort puissant : Monsieur Tout-le-monde. Quand il aura fini par comprendre, il saura dire et imposer sa volonté.

Cet argument de l'intérêt matériel est le plus efficace qu'on puisse employer. Il s'adresse à l'intelligence, au bon sens, et non au sentiment ; il exige de la documentation positive, et non de la rhétorique. La moindre expérience de la discussion ou de la propagande montre qu'il est immédiatement accessible à tous.

*
* *

En résumé, la pacification de l'Europe est une question morale.

La paix armée, c'est-à-dire la paix imposée, n'est pas la paix ; elle n'est qu'une trêve, à laquelle il s'agit de substituer la paix librement consentie. Or, cette dernière exige le respect du voisin et la confiance en lui ; et ce respect et cette confiance, à leur tour, exigent que l'on connaisse et fréquente ce voisin. Alors, on se sent solidaire de lui, et l'on comprend que dans une guerre quelconque il n'y a pas des vainqueurs et des vaincus : il n'y a que des vaincus.

La fédération, but final vers lequel nous tendons, peut être définie l'état juridique international. Elle est le terme de l'évolution qui a consisté à étendre de plus en plus les « aires de sécurité », c'est-à-dire les aires au dedans desquelles les hommes sont convenus de résoudre juridiquement leurs inévitables différends. Ces aires, actuellement limitées aux États, embrasseront successivement des groupes d'États, des continents entiers, enfin toute la planète.

On vient de voir que ce progrès aura pour instruments principaux la pénétration réciproque (morale et matérielle) des peuples, ainsi que la notion, chaque jour plus répandue, de leurs intérêts véritables. Quant à son mécanisme, à ses stades successifs, voici comment on peut les concevoir :

1° Pratique de plus en plus suivie des

arbitrages internationaux spéciaux (c'est-à-dire de la solution de différends internationaux par des arbitres, désignés dans chaque cas au moyen d'une convention spéciale, ou compromis). Peu de gens savent combien remarquable a été la progression de l'arbitrage en ce siècle : en vingt ans, de 1815 à 1834, on relève 14 arbitrages; il s'en conclut 10 de 1835 à 1854 ; 39 de 1855 à 1874 ; 51 de 1875 à 1894 ; et on en compte déjà une vingtaine depuis 1895. Et il importe de noter que tous les jugements rendus ont été exécutés par la partie perdante, ce qui répond à l'objection de la nécessité d'une sanction violente ;

2° Introduction de plus en plus fréquente de la clause arbitrale, ou compromissoire, dans les traités (c'est-à-dire engagement pris de recourir à un arbitrage en cas de désaccord sur l'exécution du traité) ;

3° Conclusion, entre certaines nations, de traités permanents d'arbitrage (engagement de soumettre à l'arbitrage toute difficulté pouvant s'élever entre elles) ;

4° Institution d'une Cour internationale permanente entre deux ou plusieurs États, qui seront vraisemblablement, pour commencer, de petits États neutres (c'est-à-dire constitution d'une première Confédération) ;

5° Accession successive d'États restés d'abord en dehors de ce groupement ;

6° A la suite de tous ces progrès, formation d'une jurisprudence internationale, base du futur Code international ; ce dernier, fondé sur la justice, et non, comme le prétendu « droit international » actuel, sur une coutume qui résulte elle-même de la force et de la ruse ;

7° Enfin, adhésion générale à la Cour internationale et à son Code, c'est-à-dire, *Fédération générale des nations civilisées*.

Il va de soi que l'ordre que j'indique pour ces diverses étapes n'a rien d'absolu. Certaines d'entre elles pourront être interverties, ou même franchies sans arrêt. Mais dans son ensemble, cette marche est celle que les événements tendent à suivre, et celle aussi qui semble devoir conduire le plus sûrement au but.

Ce que je viens de montrer, c'est le procédé suivant lequel se réaliseront officiellement nos vœux, la série des consécrations que recevront nos efforts.

Mais l'important, je le répète encore, c'est la préparation morale, c'est l'éducation par l'école, par les voyages, par la parole et la presse, par la notion de l'intérêt supérieur de l'Humanité solidaire. Or, ma conviction — et c'est ici surtout qu'on me traitera d'utopiste — est que, comme toute question d'éducation, ce progrès peut être rapidement réalisé : c'est l'affaire d'une génération, à partir du moment où les éducateurs (je veux dire, non seulement les parents, les professeurs et les prêtres, mais aussi les écrivains et les orateurs, toute l'élite) s'y seront mis sérieusement. Il n'a pas fallu plus de temps pour que la liberté de conscience, l'égalité devant la loi, l'abolition de l'esclavage, et tant d'autres principes primitivement honnis, fussent admis, sinon de tous, du moins par des majorités telles qu'un retour en arrière fût rendu impossible.

Or, à mesure que nous allons, les grands mouvements d'opinion s'accomplissent de plus en plus vite, grâce au développement toujours accéléré des intérêts qui les commandent, et de l'instruction et des moyens de communication qui les favorisent.

Voici un exemple frappant de cette accélération des évolutions intellectuelles. A la fin du siècle dernier, quand on adopta en France le système métrique, on laissa aux habitants une quarantaine d'années pour s'y habituer (le résultat de cette trop longue tolérance fut, d'ailleurs, que quantité de dénominations anciennes ont persisté). En 1867, quand l'Allemagne l'adopta en principe, il suffit, pour le rendre obligatoire, d'un laps de cinq ans, au bout duquel il était familier à tout Allemand.

On objectera qu'il s'agit ici d'un progrès uniquement intellectuel, alors que l'abolition de la guerre et du militarisme suppose l'accomplissement d'un progrès moral. Mais précisément, c'est à l'entendement des gens que nous devons nous adresser, bien plutôt qu'à leur cœur. Amenons-les à comprendre que leurs voisins ne sont pas plus féroces qu'eux-mêmes, — c'est-à-dire que les armements sont inutiles ; que, d'autre part, le militarisme enfante la guerre, et que la guerre, même victorieuse, est toujours un désastre, — c'est-à-dire que les armements sont nuisibles ; et la civilisation aura partie gagnée.

Ne nous laissons donc pas troubler par les aveugles qui proclament que demain sera forcément semblable à hier. Semons tranquillement, chacun sur le terrain dont il dispose. Nos fils récolteront.

L'initiative du tsar et la politique internationale républicaine [1]

Au lendemain de la joyeuse stupeur dans laquelle l'Europe vient d'être plongée par l'acte inattendu de l'empereur de Russie, deux graves questions s'imposent à notre attention. Quelle sera la portée immédiate ou indirecte de cette noble initiative? Quelle conduite la France doit-elle tenir en ce moment décisif de son histoire?

Sans doute, on voudrait que cet examen fût superflu ; on sent instinctivement que

1. *Revue blanche*, 1er octobre 1898.

l'impulsion généreuse du tsar devrait entraîner rapidement les peuples, dans un élan universel d'enthousiasme, vers une destinée nouvelle et plus digne de leur civilisation. Mais trop d'égoïsmes et de préjugés, trop de méfiances et de rancunes sont coalisés contre notre bonheur, et s'efforceront de réduire à néant la parole rédemptrice qui vient d'ébranler toutes les consciences. D'autre part, les peuples ont une telle soif de paix et de justice, et ils ont été jusqu'à ce jour si peu gâtés sous ce rapport, que des espérances prématurées ont aussitôt germé en eux.

Il importe donc d'examiner froidement la situation sans précédent qui vient d'être créée, et cela, en se tenant à égale distance d'un scepticisme qui n'est plus de mise, et d'illusions irréfléchies sur les possibilités du moment présent. Il y a là deux dangers également graves, et qui, provenant de deux causes opposées, peuvent mener au même résultat déplorable. Car à trop espérer, on risque d'éprouver une déception cruelle, d'en venir à douter des résultats vraiment réalisables, et de paralyser ainsi les efforts de ceux qui les préparent.

I

Le premier sentiment qui se soit fait jour chez tous ceux qui prétendent donner, par la plume ou par la parole, un reflet de l'opinion publique, est celui de la reconnaissance la plus enthousiaste : un homme s'était donc enfin trouvé qui, disposant à son choix, pour le bien ou pour le mal, du pouvoir le plus formidable, avait résolu de le faire servir au bien général !

Tandis que l'empereur d'Allemagne, évoquant un péril imaginaire — le péril chinois — conviait les peuples de l'Europe à s'unir, mais à s'unir dans une nouvelle levée de boucliers, plus gigantesque que toutes les précédentes, le tsar montrait à ces peuples quels sont réellement « leurs biens les plus sacrés »: *la paix, la justice et l'équité*[1].

Telle fut l'explosion de joie déterminée sur toute la surface du globe, que chacun prenant son désir pour la réalité, vit d'abord dans la circulaire Mouraviev plus de choses qu'elle n'en contenait réellement : on crut qu'elle nous promettait le désarmement général à brève échéance, alors qu'elle ne parle modestement que de rechercher les moyens propres à enrayer la marche toujours accélérée des armements. Taut il est vrai que l'acte du tsar répondait au désir intime, aux préoccupations les plus anxieuses de tous les habitants de l'Europe.

Mais on sait combien peu de gens se hasardent encore à professer ouvertement les aspirations pacifiques que leur dicte

1. Sur la qualification, généralement contestée, que je viens de donner au péril chinois, voir : J. Novicow, *L'avenir de la race blanche* (Paris, Colin, 1897).

leur conscience, à s'en avouer eux-mêmes les conséquences logiques et fatales. Il y fallait, jusqu'à ce jour, un véritable courage civique ; car, partout, la masse paisible est dominée par une poignée de chauvins qui font peser sur elle une véritable terreur, en dénaturant — tantôt pour les exploiter et tantôt par simple sottise — les sentiments les plus respectables.

Or donc, deux jours ne s'étaient pas écoulés, que les chauvins, revenant de leur première surprise, prirent de tous côtés l'offensive. Tandis qu'en France on déclarait que rien n'est possible sans la rétrocession préalable de l'Alsace-Lorraine, les Allemands posaient en principe le maintien du *statu quo*, disant qu'avant toute discussion, la France devrait confirmer solennellement le traité qui lui fut arraché par la violence. Des journaux anglais insinuèrent que le mobile secret du tsar était le vide actuel ou imminent de son trésor : ils ajoutaient que les forces maritimes devraient être exclues de tout désarmement, la Grande-Bretagne entendant conserver intacte la suprématie des mers, — comme si l'idée d'une suprématie quelconque, c'est-à-dire d'une situation inique, issue de la violence et maintenue par la violence, n'était pas la contradiction même de l'idée de paix. Il se trouva un organe officieux italien pour émettre cette opinion saugrenue, que la question romaine laisse l'Italie sous la menace permanente d'une croisade catholique, et que ce malheureux pays est ainsi condamné indéfiniment au militarisme. Et ainsi de suite.

La masse, il est vrai, justifia dès le premier jour, et justifie encore toutes les prévisions des Pacifiques. Je ne parle pas des gens prétendus éclairés, et dont le grand nombre ne l'est malheureusement guère en cette matière, mais du peuple, de Jacques Bonhomme, l'éternelle victime de la folie guerrière. Le matin même où le télégraphe nous apporta la grande nouvelle, j'ai tenu à questionner tous les gens du peuple avec qui je me suis rencontré : un domestique, deux cochers de fiacre, un conducteur d'omnibus, un garçon coiffeur, un ouvrier serrurier, un concierge ; ce dernier, un Alsacien qui s'est engagé avec son frère pendant l'invasion, bien que tous deux fussent âgés de moins de vingt ans. Partout, l'impression était la même : la surprise joyeuse, la satisfaction profonde, à la nouvelle d'un événement désiré depuis longtemps, et enfin à la veille de se réaliser. Et l'on peut tenir pour certain que le fait n'est pas propre à la France : en tout autre pays, la même enquête eût donné le même résultat.

De ce côté donc, le bon grain semé par le tsar est tombé sur un terrain favorable. La question est de savoir jusqu'à quel point les peuples resteront dans ces dispositions, ou plutôt à quel point *les gouvernements croiront* que leurs peuples ont su résister aux criailleries de chauvins.

Car il est un fait constant, un détail bien particulier de la psychologie des dirigeants en tous pays ; c'est que, entre la masse, pacifique par intérêt aussi bien que par goût, et les chauvins braillards qui la mènent à sa perte, les gouvernants n'hésitent pas : ils obéissent invariablement aux suggestions des chauvins !

Aussi les objections rappelées plus haut peuvent-elles être considérées comme une indication de certains des mobiles qui pèseront sur les déterminations de tel ou tel gouvernement.

Mobiles que, bien entendu, on se gardera d'avouer, et que l'on s'efforcera, au contraire, de dissimuler le plus habilement possible. Mais il ne manquera pas de difficultés matérielles à soulever, soit au sein de la Conférence, soit même avant sa réunion, et ces difficultés seront le prétexte, sinon la cause réelle, de l'opposition plus ou moins déguisée que rencontrera le projet du tsar, quand on en viendra à l'exécution.

Car, il faut bien le reconnaître, une objection au moins, récemment présentée par un journal anglais, ne manque pas de poids. Le tsar ne nous a fait connaître encore que son désir de mettre fin aux maux qui entraînent l'Europe à sa perte, mais ne nous a donné aucune indication concernant les remèdes qu'il conseille à cet effet. Quoi d'étonnant à ce que les gouvernements, ne se trouvant en présence d'aucun programme déterminé, si rapidement esquissé qu'il soit, recommandent à leurs délégués la prudence la plus attentive, une de ces prudences diplomatiques qui réduisent à néant les intentions les plus généreuses ?

Il importe en effet de bien reconnaître que, pour séduisant qu'il soit, le principe même d'un désarmement concerté est de l'application la plus difficile. Cette solution est généralement la première à laquelle s'arrêtent ceux qui recherchent le moyen d'abolir le système de la paix armée ; mais, quand on vient à serrer de plus près ce problème si complexe, on ne tarde pas à reconnaître combien elle est insuffisante.

Ce n'est pas, en effet, pour leur plaisir que les nations s'épuisent en armements. Si elles agissent ainsi, c'est bien à leur corps défendant et parce qu'elles se suspectent les unes les autres. Tant qu'une d'entre elles se croit, à tort ou à raison, menacée d'une agression, son gouvernement a, non seulement le droit, mais encore le devoir impérieux de consacrer toutes les ressources disponibles à préparer la défense nationale. Si donc, dans cet état général de suspicion réciproque, on vient à discuter officiellement la question d'une réduction simultanée des armements, les gouvernements les plus favorablement disposés exigeront tout au moins que des mesures soient prises pour rendre cette réduction proportionnelle.

Or, cette question de l'équivalence de

l'affaiblissement imposé aux diverses armées est toujours apparue comme pratiquement insoluble. Quantité de bons esprits l'ont étudiée, sans avoir produit, jusqu'ici, autre chose que des propositions inacceptables, et qui vont même parfois à l'encontre des intentions de leurs auteurs. Je ne puis entrer ici dans le détail de cette démonstration, et je renvoie à ce propos à une étude magistrale qu'un officier de l'armée active, écrivain militaire de renom, lui a consacrée dans la *Revue scientifique* [1]. Mais je crois bon néanmoins d'en indiquer quelques points saillants.

Réduira-t-on, par exemple, les budgets militaires à un taux déterminé par tête d'habitants ? — Mais les nations sont très inégalement riches. Le budget militaire de la France est, proportionnellement, environ triple de celui de l'Italie ; qu'on adopte pour toute l'Europe le taux de ce dernier pays, et les grandes puissances militaires béné-

1. Voir page 302.

ficieront d'un soulagement considérable, sans que les Italiens voient se modifier leur position, actuellement si précaire.

Ou bien voudra-t-on réduire proportionnellement les effectifs? — Mais d'abord, proportionnellement à quoi? Si l'on se règle sur la population, on laissera un grand excès de puissance aux nations à population dense, comme la Belgique, qui est, au kilomètre carré, six fois plus peuplée que l'Espagne. Ou bien faudra-t-il tenir compte de l'étendue des frontières à défendre, de leur valeur militaire? On sent bien que les frontières des Alpes ou des Pyrénées demandent moins de gardiens que celles du royaume de Belgique; mais comment chiffrer ces considérations par un coefficient équitable?

Au reste, en principe, la réduction de l'effectif total peut être compensée, et au-delà, par une organisation habile. C'est d'une obligation de ce genre que la Prusse, contrainte par Napoléon à n'entretenir que

12.000 hommes sous les drapeaux, a su tirer le système de la nation en armes et l'état militaire le plus formidable que le monde ait encore vu. Si l'on diminuait de moitié la force numérique de notre armée, nous pourrions, par exemple, en laissant nos armes spéciales sur le pied actuel et en les complétant par une milice d'infanterie, conserver une puissance militaire très supérieure à celle d'un peuple moins nombreux ou moins bien avisé.

Imposera-t-on donc à toutes les armes une organisation uniforme ? — Il suffit d'énoncer cette idée pour sentir à quel point elle est impraticable.

Ou encore, veut-on réduire à un maximum uniforme la durée du service militaire? — Supposons qu'on adopte partout le service d'un an. La France, qui incorpore actuellement jusqu'au dernier homme valide, verra son armée diminuée des deux tiers. L'Allemagne, qui laisse sans instruction militaire un assez grand nombre de jeunes gens fort bien constitués, les incorporera, et subira donc un déchet bien moindre. Quant à la Russie, où quantité de jeunes gens ne font aucun service, son armée sera plus nombreuse qu'aujourd'hui!

Enfin, on notera que la diversité de leurs empires coloniaux crée entre les nations européennes de profondes différences, dont il est impossible de ne pas tenir compte. On ne peut empêcher la France d'entretenir, en dehors de toute considération de défense du territoire métropolitain, une soixantaine de mille hommes de bonnes troupes en Algérie-Tunisie, et d'avoir en outre, à l'intérieur, une forte réserve destinée à la relève des garnisons coloniales. Il est vrai qu'on pourrait établir cette dernière en Algérie, d'où elle ne saurait menacer aucune puissance européenne. Mais ce cas est très particulier. En Angleterre et en Hollande, par exemple, toute l'armée de terre est, à proprement parler, une réserve coloniale, et ces pays n'ont point d'Algérie où l'on puisse la mettre au repos. Du seul fait de l'existence des colonies, la proportionnalité de l'effectif à la population (comme aussi la proportionnalité des budgets militaires) est impossible à établir.

Rien n'est plus malaisé, d'ailleurs, que de se rendre compte de ce que sont réellement les dépenses militaires d'un Etat. Les budgets sont établis suivant des méthodes de comptabilité très diverses; tantôt, les pensions militaires ne sont pas mises en évidence; ici, la gendarmerie est soldée par le budget de la guerre, là elle l'est par l'intérieur ou la justice; ailleurs, on ne porte pas en compte les volontaires d'un an, ou même les officiers; ailleurs, encore, des régiments de pompiers sont à la charge du budget de la guerre; d'autres fois, enfin, on règle des transformations de matériel au moyen de recettes extraordinaires dont le budget ne porte pas trace, et ainsi de suite. C'est la bouteille à l'encre.

On voit quelles objections soulève l'idée d'une réduction des armements, considérée en tant que résultat d'un concert international. J'ai toujours pensé, et mes amis du Parti pacifique international savent combien de fois j'ai écrit que ce n'est pas dans cette voie que l'Europe rencontrera la fin de ses misères présentes.

Les armements actuels n'ont pas été improvisés simultanément par toutes les puissances; ils ont été accumulés successivement, chaque puissance s'efforçant de rattraper et de dépasser les autres, dans la mesure de ses moyens. Pareillement, il est très probable qu'ils ne disparaîtront pas subitement, par un coup de théâtre. Une puissance, mieux avisée que les autres, s'arrêtera d'abord dans cette course au clocher; puis, s'apercevant qu'il ne lui en est résulté aucun mal, elle tentera une nouvelle expérience, en restreignant quelque peu son état militaire. D'autres l'imiteront, et, au bout de quelque temps, les armements auront disparu comme ils sont venus, *spontanément et successivement*, et par un mouvement qui, une fois commencé, ira naturellement en s'accélérant.

Si donc, comme il semble bien certain, le tsar veut délivrer l'Europe du cauchemar qui l'oppresse, il peut y parvenir sans nous faire courir les dangers d'une Conférence où chacun apporterait ses prétentions, ses préventions et ses griefs, et qui risque, pour le moins, d'être peu efficace : il suffit pour cela *qu'il donne l'exemple*.

De toutes les puissances continentales, la Russie est certainement la plus à l'abri d'une invasion. Or, elle a, dans sa seule Pologne, quelque trois cent mille hommes de troupes de couverture. Qu'elle fasse l'expérience d'en retirer, par exemple, une vingtaine de mille à l'intérieur de son territoire. Non seulement il est bien certain que ni l'Allemagne ni l'Autriche ne saisiront cette occasion pour attaquer sans raison leur voisine, mais *elles ne pourront se sous-*

traire à l'obligation morale de l'imiter. Et, ce premier pas une fois franchi, le reste ira vite.

On peut concevoir d'autres moyens pratiques d'arriver au désarmement. Par exemple, si un Etat réduisait la durée du service militaire dans des conditions de progressivité qui montreraient clairement qu'il se propose d'aboutir au système des milices à la mode suisse, on arriverait au même résultat que par le retrait successif des troupes de couverture[1]. Ou encore, on peut imaginer que deux puissances, séparées par un différend aigu, donnent le grand exemple de le résoudre à l'amiable et de conclure ensuite un traité d'arbitrage permanent. Cette dernière méthode serait celle à suivre dans le cas où la France et l'Allemagne prendraient enfin conscience de leur rôle de nations directrices de la civilisation européenne[2].

1. Voir *L'[illegible]ée d'une démocratie.*

2. Voir plus haut *Revision du traité de Francfort.*

Il faut noter à ce propos les idées du colonel von Egidy, la

Si j'ai plutôt indiqué le système de la « démobilisation » de la région frontière, c'est parce que c'est celui qui convient le mieux à la Russie; car aucun différend grave ne sépare ce pays de ses voisins, et ses populations, moins instruites que celles des nations occidentales, se prêtent moins à l'institution d'une bonne milice.

Mais, de toute façon, on voit que les méthodes efficaces de désarmement reposent toutes sur l'initiative d'une puissance plus confiante que les autres, ou de deux puissances assez civilisées pour se décider à résoudre juridiquement un de ces litiges

personnalité la plus marquante du mouvement pacifique en Allemagne, et l'un des rares Allemands qui comprennent et professent la nécessité d'en finir avec le problème alsacien-lorrain. M. von Egidy proclame qu'entre la France et son pays, c'est à ce dernier que doit revenir l'initiative du désarmement. Il veut que l'empereur prenne les devants, en démantelant Metz, de son propre mouvement, et sans conditions. Et, de fait, imagine-t-on que la France pourrait répondre à ce bon procédé autrement qu'en rasant, de son côté, les défenses de Verdun? Et croit-on que ce premier pas ne serait pas bientôt suivi d'un autre, aussi bien dans ces deux pays que chez les autres?

qu'on prétend actuellement ne pouvoir être résolus que dans un bain de sang. Il ne saurait en être autrement : comment imaginer qu'il soit plus facile d'emporter la conviction de l'Europe entière que celle d'une, ou de deux nations ?

Souhaitons donc que le tsar, allant au bout des réflexions qui lui ont dicté ses belles paroles de paix, comprenne que la manière la plus sûre et la plus rapide de les faire mettre partout à exécution, sinon même la seule, est tout simplement de prêcher d'exemple[1].

Est-ce à dire que la noble initiative de Nicolas II soit condamnée à ne laisser dans l'histoire que le souvenir d'un beau rêve

1. Il importe de rappeler à ce propos que Napoléon III, après avoir commencé par des propositions analogues à celle qui est aujourd'hui soumise à l'Europe, avait eu, malheureusement à une époque où la question n'était pas mûre et urgente comme aujourd'hui, la claire vision de ce qu'il convenait de faire. Car ce rêveur à la volonté vacillante, qui ruina son pays dans tant de guerres sans motif, fut constamment hanté par l'idée du désarmement (Voir p. 269).

aussitôt évanoui? Bien des gens, déjà, le donnent à entendre. Un des publicistes qui ont toujours montré le plus d'attachement à la cause de la paix internationale a exprimé cette opinion, au moyen de deux de ces formules incisives dont il a le secret: « L'empereur de Russie, notre ami, notre allié — écrivait au premier jour M. Clemenceau — propose le désarmement général. *C'est une grosse nouvelle.* » Et, le lendemain: « Nul ne saurait prévoir encore sous quelle forme *se produira* l'échec du projet de désarmement. »

Je ne saurais souscrire à ce jugement dédaigneux. Sans doute, je considère comme fort improbable que la Conférence projetée aboutisse à un résultat concret, tangible. Mais, encore une fois, il ne faut pas tomber, même involontairement, dans le fâcheux raisonnement qui consiste à prêter à autrui des intentions qu'il n'a jamais eues, pour lui reprocher ensuite de ne les avoir point réalisées. Le tsar ne nous dit pas qu'il ait imaginé, dès maintenant, le moyen de faire mettre bas les armes à l'Europe. Il est bien certainement le dernier à ignorer les difficultés de cette œuvre; ce qu'il propose, c'est simplement de se livrer à une *première étude* d'un *problème préliminaire*, celui qui consiste à *ne pas accroître davantage* les armements[1]. Pourquoi veut-on que d'une telle discussion, il ne puisse jaillir aucune étincelle de lumière? Qui sait si, en révélant l'inanité des moyens le plus généralement proposés, elle ne servira pas précisément à faire comprendre au tsar qu'il se doit à lui-même de donner l'exemple que j'indiquais plus haut?

1. Peu de jours après la publication du message, le *Journal de Saint-Pétersbourg*, organe officieux de la Chancellerie, écrivait (4 septembre): « Le problème à résoudre est sans doute des plus complexes, et quelques organes de l'opinion publique ont déjà parlé des difficultés pratiques qu'il présente. Ces difficultés, personne ne peut se les dissimuler. Mais elles devront être abordées en face, et c'est précisément à l'examen sincère et approfondi de cette question par la voie de la discussion internationale que le gouvernement russe fait appel par sa circulaire du 24 août ». Voilà qui est bien clair.

Mais enfin, j'admets que la Conférence n'aboutisse absolument à rien. Je vais, si l'on veut, jusqu'à concéder qu'elle ne parvienne même pas à se réunir. Il nous restera toujours les résultats indirects du message impérial, qui seront inappréciables.

Comment! L'autocrate de toutes les Russies constate enfin que « au cours des vingt dernières années, les aspirations à un apaisement général se sont particulièrement affirmées dans *la conscience des nations* civilisées » ; — à la suite des socialistes comme des économistes (c'est-à-dire de tout le monde), il proclame que, par la faute du militarisme, « les forces intellectuelles et physiques des peuples, le travail et le capital, *sont en majeure partie détournés de leur application naturelle* et consumés improductivement,... la culture nationale, le progrès économique et la production des richesses se trouvant paralysés ou faussés dans leur développement » ; —

après nous autres, utopistes pacifiques et fédéralistes tant tournés en dérision et tant calomniés, il conclut: « cette Conférence *rassemblerait dans un puissant faisceau* les efforts de tous les Etats qui cherchent sincèrement à faire triompher la *grande conception de la paix universelle* sur les éléments de trouble et de discorde; elle cimenterait en même temps leurs accords par une *consécration solidaire des principes d'équité et de droit* sur lesquels reposent la sécurité des Etats et le bien-être des peuples »; — puis, il nous emprunte encore notre principe de l'égalité en droit de toutes les nations, considérées comme personnes morales, car il ne se contente pas d'adresser son message aux « six grandes puissances » qui s'arrogent injustement le droit exclusif de parler pour l'Europe: il invite au contraire à la Conférence — fait sans précédent — tous les Etats qui ont des représentants accrédités en Russie, c'est-à-dire tout le monde civilisé; — enfin, il rompt encore autrement avec tous les anciens errements ; lui, le monarque absolu par excellence, il ne se contente pas d'une communication aux chancelleries, il reconnaît qu'il existe une « conscience des nations civilisées », et fait appel à l'opinion universelle, en s'adressant, par la voie de la presse, à tout homme qui sait lire ; — et cet événement extraordinaire — on pourrait presque dire révolutionnaire — ne serait qu'une *assez grosse* nouvelle !

Non certes. Le message du tsar — j'allais écrire son « encyclique », car il s'est bien adressé *urbi et orbi* — est tout simplement le fait capital de notre époque. Ce sera un des grands tournants de l'histoire du monde.

Encore une fois, il n'abolira pas, d'un seul coup, le fardeau qui nous écrase : il y aurait folie à le supposer, et injustice à nous en prêter la pensée. Mais, en contribuant à dissiper des erreurs et des malentendus, il créera l'atmosphère de confiance qui est la condition première du désarmement.

Cet acte constitue le secours le plus efficace qu'aient encore reçu et qu'aient même pu rêver ceux qui se sont voués à l'apaisement international. Désormais, il n'est plus permis de les traiter de rêveurs ou de mauvais patriotes, d'amateurs ignorant les conditions de la grande politique, d'individualités sans mandat, que sais-je encore : le maître absolu, religieux et politique, de 130 millions d'hommes, le chef de l'armée la plus nombreuse du monde, s'est approprié solennellement leur doctrine, a textuellement répété leurs paroles ! Le jour même où la grande nouvelle nous est parvenue, je rencontrai un camarade depuis longtemps perdu de vue ; et, comme il me demandait ce que je devenais : « Je me réjouis, lui répondis-je. Jusqu'à ce matin, je n'étais qu'un fou. Maintenant, me voilà promu à la dignité d'homme raisonnable. »

Or, nous sommes dans tous les pays un assez grand nombre d'hommes dans ce cas. Nous parlions jusqu'ici dans le désert : notre parole, désormais, sera entendue. Nous avons maintenant ce qui nous faisait défaut, un levier puissant, au moyen duquel nous soulèverons l'opinion. Et ce levier, c'est le tsar qui nous l'a mis en main, le tsar à qui les peuples décerneront le titre de Nicolas le Pacificateur.

II

Quelle que soit notre opinion au sujet de la meilleure manière d'aborder le problème du désarmement — Congrès européen ou initiative d'une ou plusieurs puissances — la question, aujourd'hui, n'est plus entière : elle a été posée par le tsar sur le premier de ces deux terrains. Il nous reste donc à examiner le point qui nous touche le plus directement, nous autres Français : quelle doit être notre attitude à l'égard de la Conférence proposée ?

Et d'abord, devons-nous accepter l'invitation qui nous est faite ? — La réponse n'est pas douteuse : oui, nous le devons. Nous abstenir équivaudrait — cela est bien évident — à nous mettre nous-mêmes au ban de l'Europe, à provoquer la formation d'une coalition générale contre la France ; et le pis est que cette honte et ce danger seraient absolument mérités : nous aurions réellement repris le rôle de trouble-paix que nos ennemis persistent à nous attribuer.

A défaut de toute autre considération, le souci de notre sécurité nous obligerait donc, de la manière la plus impérieuse, à nous faire représenter à la Conférence. Mais il y a plus : non seulement, nous parerons ainsi le plus grave danger qui nous ait menacés de longtemps, mais nous trouverons dans cette circonstance une occasion peut-être unique de faire comprendre enfin au monde civilisé nos aspirations, si dangereusement défigurées par nos adversaires, et de leur conquérir la sympathie universelle.

Considérons en effet quelle devra être, à la Conférence, l'attitude de nos plénipotentiaires. Acquiescer purement et simplement au principe du *statu quo* territorial, qui sera évidemment l'instruction fondamentale donnée aux représentants des nations satisfaites ? — Impossible. — Demander, comme entrée de jeu, la revision du traité de Francfort ? — Impossible également. Et l'on conçoit qu'en présence d'une semblable alternative, l'opinion, toujours simpliste, ait été déroutée, et se demande avec effroi dans quel traquenard nous attire — assurément sans mauvaise intention — notre puissant allié.

Or, si nous semblons être aujourd'hui en présence d'un dilemme inextricable, la faute en est à nous, et il ne tient qu'à nous de sortir de cet embarras. Il suffit, pour cela, de nous aviser enfin qu'il existe une *politique internationale républicaine*, et d'appliquer résolument cette politique. Car, circonstance inouïe, c'est précisément à l'inauguration d'une politique internationale républicaine que le monde se voit convié par l'empereur de Russie !

Depuis vingt-huit ans que la France a donné à son gouvernement l'étiquette républicaine, elle a conservé la plupart des institutions et des mœurs que lui ont léguées des siècles d'absolutisme. La chose n'est pas étonnante : elle avait assez à faire à établir définitivement cette seule étiquette. Quoi qu'il en soit, de même qu'elle a conservé à l'intérieur la centralisation excessive, le fétichisme administratif, le culte de la raison d'Etat, et tant d'autres survivances du passé, elle a continué à suivre, dans sa politique étrangère, les errements des monarchies militaristes, à pratiquer — que ce soit en Chine ou à Madagascar, en Afrique ou en Orient — le système des jalousies mesquines, connues sous le nom de compensations ; si elle a répudié en Europe les conquêtes violentes, elle s'est bornée, outre-mer, à suivre la mode actuelle, et à déguiser sous un autre masque sa fièvre de conquêtes coloniales : ce ne sont plus les « bienfaits du christianisme », mais ceux de la « civilisation » que nous prétendons imposer de force aux peuples arriérés de l'Asie et de l'Afrique. Bref, la politique internationale est restée pour nous ce jeu de combinaisons louches et d'intrigues immorales qui fait le bonheur des diplomates et le malheur des peuples.

C'est pourtant à la France que revient l'honneur d'avoir montré qu'il existe, à côté des *Droits de l'homme*, un *Droit des peuples*. A deux reprises, ce droit des peuples, que l'humanité doit à nos philosophes du siècle dernier, a été proclamé par des gouvernements français ; à deux reprises, un Bonaparte s'est trouvé là pour empêcher nos pères de l'appliquer, pour nous entraîner dans une rechute de barbarie, et pour attirer enfin sur nous le juste ressentiment de l'Europe, qui nous avait salués comme des libérateurs, et ne pouvait plus voir en nous que des conquérants avides, ennemis de son repos.

Depuis son dernier échec, c'est-à-dire depuis que les vues humanitaires d'un Lamartine ont pu être proclamées de simples utopies, cette politique du Droit des peuples a été reprise par le Parti pacifique international, qui a donné pour fondement à son *Code international* la formule dans laquelle Kant a condensé les principes de nos Encyclopédistes :

Le principe des droits et de la morale des peuples est le même que celui des droits et de la morale des individus.

De ce précepte lumineux, que l'on a honte de voir encore méconnu par l'ensemble des nations prétendues civilisées, découlent les premiers principes de ce Code international :

Nul n'ayant le droit de se faire justice

lui-même, aucun Etat ne peut déclarer la guerre à un autre.

Tout différend entre les peuples doit être réglé par voie juridique.

Les peuples sont solidaires les uns des autres.

Les peuples ont, comme les individus, le droit de légitime défense.

Il n'existe pas de droit de conquête.

Les peuples ont le droit inaliénable et imprescriptible de disposer librement d'eux-mêmes.

L'autonomie de toute nation est inviolable.

Tels sont les éléments de la politique internationale que j'appelle républicaine. Ils consistent à voir dans les peuples des personnes morales, jouissant au sein de la grande famille internationale, des mêmes droits que les individus au sein de la société, et tenus aux mêmes devoirs : respect absolu de la personnalité du voisin, soumission de tout différend à un jugement impartial, solidarité dans l'intérêt commun.

Et bien, cette politique internationale républicaine, le moment est venu de la proclamer hautement, et surtout de l'appliquer sans détour. Le message du tsar nous en fournit l'occasion et le devoir. Et par là, non seulement nous mériterons l'affection de tous les peuples, nous apporterons l'espoir à tous les opprimés, mais nous sauvegarderons les principes qui sont notre raison d'être, et dont nous devons être les champions en face de toute nation conquérante.

— « Mais alors, objectera-t-on, nous retombons sur le second terme du dangereux dilemme signalé plus haut : si nous nous avisons d'invoquer le « droit imprescriptible et inaliénable des peuples à disposer librement d'eux-mêmes », nous déterminons, du coup, l'échec de la Conférence, et nous en assumons la responsabilité devant le monde civilisé. Tel est bien le danger que, dès le premier jour, a signalé la presse française. »

— Eh bien, non, la situation n'est pas si grave. Le fameux dilemme dans lequel on croit la France enfermée n'existe pas. Ou, du moins, elle a un moyen d'en sortir ; moyen honorable pour nous, en ce qu'il réserve notre doctrine — c'est-à-dire le droit des Alsaciens-Lorrains — au moins autant que ne l'a fait jusqu'ici notre attitude passée ; moyen acceptable pour l'Allemagne, en ce qu'il ne lui impose aucune contrainte dans le présent, aucune menace dans l'avenir.

Nous devons accepter le *statu quo*, si on nous le demande, mais nous devons l'accepter avec une réserve qu'il sera impossible à l'Allemagne de repousser. C'est-à-dire que nous devons accepter le *statu quo* territorial, *sous réserve des modifications que deux ou plusieurs puissances conviendraient éventuellement d'y apporter d'un commun accord et d'accord, avec les populations intéressées.*

Je dis que l'Allemagne ne peut pas ne pas accepter cette réserve. Il ne s'y trouve, en effet, aucune menace pour elle, puisque nous nous interdisons toute modification territoriale qui ne serait pas librement négociée et consentie par la puissance souveraine, aussi bien que par la population du territoire.

Et d'autre part, on ne peut nous demander, on ne peut demander à personne de s'interdire une négociation dans laquelle toutes les parties intéressées seraient d'accord. Cela est de toute évidence. Une délimitation de territoire est un contrat comme un autre. Or, en toute équité, on ne peut concevoir, pour un contrat quelconque, que deux formes. Ou bien, il est conclu pour un temps déterminé ; dans ce cas, il reste intangible pendant la période fixée, quitte aux parties, s'il a cessé de leur convenir, à en conclure un différent, après que le premier est expiré. Ou bien, il est perpétuel ; et alors, il est indispensable de prévoir les modalités suivant lesquelles il pourra être modifié, quand les circonstances l'exigeront. Mais un contrat à la fois perpétuel et non modifiable est une chose absurde en équité — de quel droit lierions-nous à perpétuité nos descendants ? — et impraticable en fait. Depuis les temps historiques, certains auteurs patients ont relevé, je crois, 8,000 guerres ; toutes ont été suivies d'un traité de paix (et même de plusieurs traités, s'il y avait plus de deux adversaires en jeu) ; tous ces traités étaient conclus « à perpétuité »... et qu'en est-il resté ?

Et c'est surtout en matière territoriale que la perpétuité est un vain rêve. De plus en plus, la destinée du sol est déterminée par la volonté de ses habitants ; et, de plus en plus, les facteurs moraux et économiques agissent sur cette volonté pour la modifier à leur gré. Comme l'écrivait un

Pacifique autrichien, M. Moritz Adler, s'il existe quelque part des frontières immuables, ce ne peut être que sur la lune, depuis qu'elle est déserte et gelée !

Il n'est donc pas possible que la réserve indiquée plus haut soit mal prise par l'Allemagne. Sans menace pour qui que ce soit, elle est l'expression même des « principes d'équité et de droit », qui furent affirmés à bord du *Pothuau*, le 24 août 1897, et auxquels, un an plus tard, jour pour jour, l'Europe est invitée par le tsar à donner une « consécration solidaire ».

— « Soit, répondra-t-on encore, l'Allemagne acceptera cette formule. Elle le fera d'autant plus volontiers que cela ne l'engagera à rien. *Sunt verba et voces.* En fait, elle refusera indéfiniment d'entrer en négociation, et les Alsaciens-Lorrains seront condamnés à rester indéfiniment des « Allemands par force », des *Mussdeutsche*, comme ils disent. »

Rien n'est moins certain. Mais, d'abord,

une observation préliminaire. Nous avons, disons-nous, foi dans la « justice immanente des choses », nous professons que « les grandes réparations peuvent sortir du droit. » De grâce, restons conséquents avec nous-mêmes. Depuis vingt-sept ans, nous entassons les armements, en déclarant que nous ne voulons attaquer personne, et que nous comptons sur la puissance du droit pour délivrer les populations annexées ; et ces dernières, d'ailleurs, ne veulent pas entendre parler d'une guerre qui ne pourrait les délivrer qu'en commençant par la dévastation totale de leur pays. Une fois, nous avons eu en notre possession, pour le cas où nous voudrions attaquer l'Allemagne, une réunion de chances favorables qui ne se retrouvera sans doute plus jamais. C'était en 1887. La disproportion des populations était moindre qu'aujourd'hui ; seuls en Europe, nous avions un fusil de petit calibre, de la poudre sans fumée, des obus à mélinite ; notre canon valait mieux que celui de nos voisins ; l'Allemagne nous avait imprudemment fourni dans l'affaire Schnaebelé, un *casus belli* qui soulevait tous les cœurs ; enfin c'était au moment de la plus grande popularité de Boulanger, l'idole vaniteuse, l'incarnation même du chauvinisme français. Nous avons préféré continuer à préparer une manifestation pacifique, notre belle Exposition de 1889, et nous avons bien fait. Or, de quoi s'agit-il ? Simplement de déclarer, ce qui est la vérité pure, que nous ne songeons pas à mettre le feu à l'Europe pour essayer de reconquérir par la violence ce qui nous a été enlevé par la violence ; que nous ne voulons pas nous lancer dans une aventure où nous trouverions contre nous l'Europe entière, et peut-être notre allié tout le premier ! Comment hésiter ?

Cela posé, j'ajouterai que personne n'est fondé à déclarer que l'Allemage se refusera indéfiniment à toute discussion.

Il faut pourtant se rendre compte que

l'Europe, après le désarmement, ne ressemblera guère à l'Europe d'aujourd'hui. Le désarmement n'aura pas supprimé les litiges ; il ne supprimera que l'habitude de les résoudre à pile ou face, à tue ou meurs. On sera donc bien obligé d'employer d'autres moyens pour trancher les différends inévitables entre sociétés humaines. Ces moyens, ce seront les arbitrages internationaux, dont il a été conclu plus de cent cinquante dans la seconde moitié de ce siècle ; puis, les traités d'arbitrage permanent, dont il existe déjà quelques exemples ; enfin la Cour arbitrale permanente, dont un projet a été présenté aux puissances par la Conférence interparlementaire, c'est-à-dire par une association qui ne comprend pas moins de 1,800 membres des Parlements de tous les pays. A ce moment, la Fédération européenne sera réalisée : nous n'aurons peut-être pas le nom d'Etats-Unis d'Europe, mais nous aurons la chose, et c'est l'essentiel.

Or, pourquoi tient-on tellement, aujourd'hui, à conserver sous sa dépendance telle ou telle province-frontière? Par simple prudence militaire : on y trouve un renfort de soldats, on la constitue en un « glacis » puissamment organisé, qui couvre le reste du pays. Mais quand soldats et glacis seront devenus inutiles, quel intérêt aura-t-on à gouverner malgré elle une population qui demande d'autres lois ? Absolument aucun. On aura au contraire tout intérêt à rendre le corps national plus homogène en l'amputant de ce membre devenu parasite. Et la proclamation de l'indépendance d'une population, ou même son passage à un État voisin, sera chose aussi simple, aussi naturelle que l'est aujourd'hui la constitution d'une commune nouvelle ou son passage d'un département à un autre. Il s'agira simplement de constater nettement la volonté de cette population, et de négocier d'indispensables questions d'intérêt, notamment de sauvegarder avec soin les droits de la minorité : ce sera un divorce par consentement mutuel.

A ce propos, je veux citer les paroles que prononçait récemment à Montréal le général anglais Montgomery :

« Aussi longtemps, disait-il, que le Canada désirera conserver un lien avec l'Angleterre, il pourra compter sur toutes les forces du Royaume-Uni pour le défendre ; mais si le Canada désirait être annexé à son voisin du Sud, ou mener une vie indépendante, il n'y aurait pas un seul coup de fusil tiré par l'Angleterre pour l'empêcher de conduire sa destinée conformément à son désir. Tel est le sentiment actuel de l'Angleterre. »

Ces paroles sont la quintessence même de la politique du Parti pacifique international, et il est bon de noter le jugement que portait sur elle un officier général français, l'amiral Réveillère : « Au XIXe siècle, écrivait-il, je n'en connais guère de plus hautes en politique. »

A rapprocher de cela, une dépêche qui a fait le tour de la presse il y a un mois environ : il circule en ce moment à la Jamaïque, une pétition invitant le gouvernement anglais à provoquer un plébiscite dans la population de l'île, sur la question de savoir si des négociations devront être entamées avec les États-Unis pour le passage de la Jamaïque à cette nation.

C'est ainsi d'ailleurs que l'île de Saint-Barthélemy, cédée par la France à la Suède en 1784, nous est revenue en 1878, de l'assentiment unanime de ses habitants, fonctionnaires compris. Sans doute, les rapports territoriaux entre la Suède et la France avaient été réglés « à perpétuité » par les traités de 1815. Mais, du moment que les habitants désiraient changer de nationalité, que la France acceptait de se charger de leur sort, que la Suède n'avait plus aucune raison militaire de s'embarrasser de cette possession lointaine, qu'enfin toutes les questions d'intérêt étaient équitablement réglées, qui pouvait invoquer raisonnablement la signature de M. de Metternich pour perpétuer une situation dont personne ne voulait plus ?

Sans doute, tant que deux nations voisines en sont à l'état de « paix armée », de telles négociations paraissent absurdes, et même criminelles, à la majeure partie de leurs populations. Mais une fois qu'elles se seront élevées à l'état de paix absolue, à l'état de *paix* tout court, rien ne sera plus naturel. Ce sera une affaire courante, que les gouvernements intéressés traiteront de bonne foi et sans passion.

— « Rêves lointains ! Avant qu'ils se réalisent, nos arrière-neveux dormiront leur dernier sommeil... »

— Je connais cette antienne. On nous l'a suffisamment chantée au cours de notre propagande pacifique, lorsque nous montrions combien rapide pouvait être, sinon la victoire finale, du moins la première consécration de nos efforts, la certitude de la victoire. Le tsar, aujourd'hui, répond pour nous.

La République rhénane[1]

L'enquête ouverte, il y a quelques semaines, en France et en Allemagne, par la *Vie illustrée*, sur cette grave question : « Une entente franco-allemande est-elle possible ? » a donné le même résultat que toutes les consultations de ce genre. Ses auteurs se sont adressés à quantité de « personnages qualifiés », ce qui est un excellent moyen de collectionner les banalités : plus un personnage est « qualifié », et moins on peut espérer qu'il livrera à la publicité une vue audacieuse, ou simplement originale.

1. *Indépendance belge*, 7 mars 1899.

Soit pour cette raison, soit simplement parce que les promoteurs de l'enquête ignoraient combien il existe, dans les deux pays, de personnes vouées à la grande œuvre pacificatrice, la consultation laisse au lecteur une impression qui serait désolante, si elle rendait un compte exact des choses : c'est que, de part et d'autre, tout le monde est prêt à la réconciliation — à la condition que ce soit la partie adverse qui en fasse tous les frais! S'il en était ainsi, l'état d'âme général différerait vraiment bien peu de celui du temps de guerre.

Sans revenir ici une fois de plus sur les raisons qu'il y a, pour des gens mieux informés, de croire à l'existence de courants d'opinion moins enfantins, je voudrais ajouter quelques mots à l'avis émis dans cette enquête par l'amiral Réveillère. Cette réponse est certainement celle qui a dénoté chez son auteur le plus de vrai courage civique et la plus haute conception philosophique des besoins de la civilisation européenne ; mais elle me semble néanmoins appeler quelques critiques et développements de détail.

J'ai toujours estimé, comme l'amiral Réveillère, que le prélude indispensable et le facteur décisif de la fédération européenne sera la double entente cordiale entre la France et la Grande-Bretagne, et entre la France et l'Allemagne. Mais une entente quelconque ne peut reposer que sur un arrangement amiable de toute difficulté pendante, — ne laissant place à aucune récrimination, à aucune arrière-pensée — et sur la garantie que tout différend futur sera réglé de même.

Pour le cas de la France et de l'Allemagne, j'ai cherché, dans ma *Revision du traité de Francfort*, à déterminer les bases d'un semblable arrangement, honorable pour les deux pays, satisfaisant pour toute la population de l'Alsace-Lorraine (c'est-à-dire pour les indigènes, pour les immigrés, et pour les émigrés qui voudraient rentrer au pays).

La neutralisation (sous certaines garanties sans lesquelles elle n'est qu'un vain mot) est une de ces solutions. Elle présente cet avantage qu'elle est peut-être la seule qui, sans blesser l'amour-propre d'une quelconque des deux nations voisines, rallierait la presque unanimité de la population alsacienne-lorraine, immigrés compris.

Je suis donc bien d'accord ici avec l'amiral Réveillère, dont je m'honore d'être un élève respectueux en politique internationale.

Mais il y a deux points de détail sur lesquels je suis obligé de me séparer de lui.

1° Pourquoi l'Alsace-Lorraine resterait-elle sous le « protectorat militaire » de l'Allemagne ? Contre qui, ce protectorat ? Contre la France ? Ce sera bien inutile, puisque les deux puissances auront conclu ce que l'amiral appelle (après moi, je crois) un traité d'amitié. Alors contre la Suisse? ou contre le Luxembourg?

2° De même, pourquoi l'Allemagne tiendrait-elle garnison dans les forteresses de l'Alsace-Lorraine? Cette idée ne se défend pas plus que la précédente, car il est évident que la première condition de la neutralisation sera le démantèlement de ces places.

Cette dernière mesure pourrait même précéder et déterminer la neutralisation. Tel était l'avis du colonel prussien von Egidy — un grand esprit et un grand caractère qui vient de disparaître. Pour lui, le devoir de l'Allemagne, victorieuse, est de prendre cette initiative. Il approuvait, d'ailleurs, entièrement le programme que j'indique plus loin. — Et, à ce propos, je puis assurer qu'Egidy était bien loin d'être le seul Allemand à ne point partager les opinions officieuses et chauvines qui ont été seules rapportées dans la *Vie illustrée* du 19 janvier.

Pour revenir à la question des forteresses, l'erreur de l'amiral est ici semblable à celle de M. Paul Leroy-Beaulieu, disant que l'Alsace pourrait continuer à faire partie du *Zollverein* allemand. Sans doute, elle le pourra. Elle le devra même. Mais aussi la Lorraine. Et aussi la France. La réconciliation n'aurait pas de sens, et ne comporterait pas la leçon que l'Europe doit en tirer, si la France et l'Allemagne ne saisissaient pas cette occasion d'unifier leurs intérêts matériels (qui sont concordants), de se fédérer.

L'erreur que l'on commet consiste à raisonner, pour l'époque qui suivra la réconciliation, comme pour la nôtre ; on ne voit pas quelle transformation morale sera produite par ces mots magiques : « Entente amiable, réconciliation entre la France et l'Allemagne ! »

Voici les grandes lignes d'un arrangement équitable sur la base de la neutralisation, telles que je les ai indiquées dans l'étude précitée :

1° L'Alsace-Lorraine est déclarée indépendante et neutre, par exemple sous le nom de *République Rhénane*, l'Empire Allemand recevant une indemnité pour les domaines qu'il possède dans le pays et les travaux qu'il y a exécutés (par exemple, les établissements et domaines militaires seraient vendus à son profit).

2° Non seulement la République Rhénane sera « désarmée » (c'est-à-dire les forteresses rasées et toute armée licenciée), mais la France et l'Allemagne désarmeront de même la bande de leur territoire qui confine au nouvel État, interposant ainsi entre leurs armées une triple zone de territoires neutres.

3° Les personnes domiciliées dans la République Rhénane, ou qui y éliront domicile, et qui déclareront vouloir conserver la qualité de citoyen français ou de sujet allemand, conserveront cette qualité et jouiront dans le pays de tous les droits civils, ou au moins du traitement de la nation la plus favorisée.

22.

4° Enfin, l'Allemagne, la France et la Rhénanie concluent entre elles un traité d'amitié, dont j'ai défini comme il suit les éléments :

a) Traité permanent d'arbitrage ;

b) Alliance économique complète ;

c) Alliance militaire *véritablement* défensive, ne pouvant porter ombrage à personne. A cet effet, chaque puissance s'engage vis-à-vis des deux autres à demander un arbitrage pour tout différend pouvant s'élever entre elle et une tierce puissance ; et elles se devront main-forte, si la tierce puissance refuse l'arbitrage ou ne se soumet pas à la sentence rendue, ou à plus forte raison, en cas d'agression inopinée, mais *dans ces trois cas* seulement ;

d) Entretien à Strasbourg, à frais communs, d'une Université-Modèle franco-allemande, destinée à rendre l'Alsace-Lorraine à sa mission naturelle d'intermédiaire et de trait-d'union entre les deux grandes civilisations de l'Europe centrale.

Car telle est la mission civilisatrice de l'Alsace-Lorraine. Elle ne doit pas être un *glacis*, suivant le mot rétrograde de Bismarck, mais un *pont*, comme a dit Michelet. C'est ce que j'ai voulu symboliser au moyen du drapeau ci-dessous, que j'ai imaginé il y a quatre ans, attendant une occasion favorable de le faire connaître.

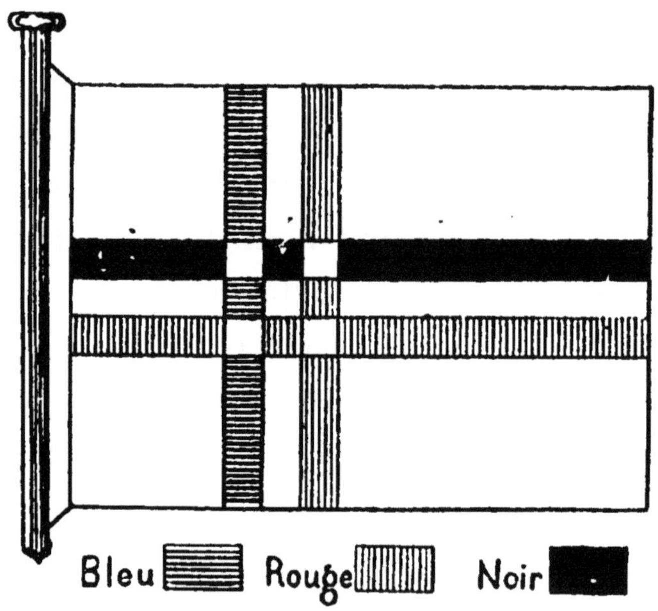

Le drapeau de la République rhénane doit être à fond blanc, en signe de neutralité. Il doit être croisé de deux bandes, une verticale bleu-blanc-rouge et une horizontale noir-blanc-rouge, entrelacées à leur intersection, et rappelant les deux pays dont l'Alsace-Lorraine a successivement dépendu, et entre lesquels elle doit être, suivant un autre mot de Michelet, la « bonne conciliatrice ».

II[1]

L'amiral Réveillère m'a fait l'honneur de m'adresser la lettre suivante, à l'intention de l'*Indépendance*.

« Cher et honoré confrère.

» Je viens de lire votre article « la République Rhénane » dans l'*Indépendance belge*.

» Étant pleinement d'accord avec vous sur le fond, j'aurais mauvaise grâce à

1. *Indépendance belge*, 15 mars 1899.

vous chicaner sur des points de détail.

» Votre solution, de la création d'une République Rhénane, souveraine et indépendante, avec l'Alsace-Lorraine, est assurément plus rationnelle et plus satisfaisante que la mienne, qui consiste simplement à appliquer aux deux provinces annexées le régime des Iles Normandes.

» En revanche, cette dernière solution me paraît offrir plus de chance d'être acceptée par nos voisins.

» Pratiquement, le résultat serait le même ; car si le pavillon anglais flotte sur sur les Iles Normandes, ces îles jouissent de l'autonomie la plus absolue, et en toutes choses se gouvernent souverainement.

» Permettez-moi de vous remercier bien cordialement des trop flatteuses paroles que vous voulez bien m'adresser, et de vous offrir, en retour, toutes mes félicitations pour le zèle et la constance avec lesquels vous poursuivez cette réconciliation si désirable de la France et de l'Allemagne par un règlement équitable de la situation des Alsaciens-Lorrains.

» Comme vous, je voudrais voir l'Alsace-Lorraine devenir le trait-d'union entre la France et l'Allemagne.

» Ce à quoi j'attache la plus grande importance, tout prêt à me montrer coulant sur tout le reste, c'est que les Alsaciens-Lorrains ne soient pas enrôlés dans l'armée allemande. C'est cela qui me tient le plus au cœur.

» Partisan résolu du libre échange et profondément convaincu, avec l'éminent économiste de Molinari, que le moyen le plus pratique d'y parvenir est la méthode de l'union douanière, j'applaudis de tout mon cœur à votre pensée « que la France et l'Allemagne saisissent cette occasion pour unifier leurs intérêts, qui sont concordants ».

» Maille à maille, dit le proverbe, se fait le haubergeon ». Mon idéal *actuel* serait une union *douanière et coloniale* entre l'Allemagne, la Hollande, la Belgique et la France.

» Ce serait le début de cette fédération européenne qu'appellent, avec vous, tous les esprits élevés de notre temps.

» Veuillez agréer, cher et honoré confrère, les assurances de mes sentiments les meilleurs,

» Contre-amiral RÉVEILLÈRE. »

Je savais bien que je ne pourrais jamais être séparé de l'amiral Réveillère que sur des points de détail, de très petit détail : jamais, jusqu'ici, et je m'en honore grandement, il n'en a été autrement.

Notons que, dans un article paru dans la *Dépêche de Brest*, que l'amiral m'envoie avec sa lettre, et dans lequel il avait antérieurement développé davantage cette question, il me donnait une satisfaction de plus, en écrivant : « Le gouvernement civil de l'Alsace-Lorraine, gouvernement autonome, a son drapeau particulier, qui n'est ni allemand ni français ». Le drapeau que j'ai proposé, et que je considère comme le symbole même de la destinée de l'Alsace-Lorraine, fait plus que répondre à cette condition : il est *à la fois* neutre, français et allemand.

A mon tour, tout en persistant à ne pas comprendre à quoi rimerait la « protection militaire » de l'Empire Allemand (car une protection est toujours dirigée *contre* quelqu'un), ni comment on peut concevoir une garnison dans des places fortes qui seraient démantelées *a priori*, je céderai bien volontiers sur ces points : il est si évident que protectorat et garnisons disparaîtraient rapidement, par la force des choses !

De même, l'idée de l'amiral, consistant à interdire aux Alsaciens-Lorrains de servir sous les drapeaux allemand et français, autrement que dans l'armée coloniale, est parfaite, tant qu'on admet la possibilité d'une guerre franco-allemande, dans laquelle les Alsaciens-Lorrains joueraient toujours un rôle fratricide. Mais est-il utile de spécifier cela? Une guerre franco-allemande est fratricide par essence, même sans tenir compte de la situation des Alsaciens-Lorrains, dont toutes les familles sont mixtes. Et puisque l'arrangement aurait fait disparaître toute cause d'une telle guerre, il semble inutile d'insister.

Quant à l'union douanière et coloniale entre l'Allemagne, la Hollande, la Belgique et la France, idéal *actuel* de l'amiral, puissions-nous voir se réaliser bientôt un tel rêve de prospérité et de civilisation, en attendant mieux encore!

FIN

TABLE DES MATIÈRES

Première partie. — Un homme : Moritz von Egidy.

Deuxième partie : Ecrits de Moritz von Egidy.

Troisième partie : Ecrits de Gaston Moch.

Chateauroux. — Impr. A. Majesté et L. Bouchardeau. — A. Mellottée successeur.

www.ingramcontent.com/pod-product-compliance
Ingram Content Group UK Ltd.
Pitfield, Milton Keynes, MK11 3LW, UK
UKHW012005240726
13965UKWH00001B/164

9 782013 281225